I0687019

Hulio Kortasar
APOKALIPSA U SOLENTINAMEU

REČ I MISAO
KNJIGA 483

Izabrala i prevela sa španskog
ALEKSANDRA MANČIĆ MILIĆ

CIP – Каталогизација у публикацији
Народна библиотека Србије, Београд

850-32

КОРТАСАР, Хулио

    Apokalipsa u Solentinameu : priče / Hulio Kortasar ; [izabrala i prevela sa španskog Aleksandra Mančić Milić]. – Beograd : Rad, 1998 (Beograd : Zuhra). – 140 str. ; 18 cm. – (Reč i misao ; knj. 483)

Str. 133–138: Pogovor /Aleksandra Mančić Milić.

ISBN 86-09-00549-6

860(82).09-32
a) Kortasar, Hulio (1914–1983) – Pripovetke
ID=62196236

HULIO KORTASAR

APOKALIPSA
U SOLENTINAMEU

priče

IZDAVAČKO PREDUZEĆE „RAD"
BEOGRAD

Naslovi izvornika:

APOKALIPSA U SOLENTINAMEU

Kostarikanci, Tike, uvek su takvi, nekako ćutljivi ali puni iznenađenja, čovek se iskrca u San Hoseu na Kostariki a tamo ga čekaju Karmen Naranho i Samuel Rovinski i Serhio Ramires (koji je iz Nikaragve a ne Tika, ali koja je razlika kad je u krajnjoj liniji sve to isto, kakva je razlika u tome što sam ja Argentinac mada bi iz ljubaznosti trebalo da kažem da sam Tino, a oni drugi su Nike ili Tike). Bila je jedna od onih vrućina, a da stvar bude gora, sve je počinjalo odmah, konferencija za štampu sa večitim pitanjima, zašto ne živiš u svojoj otadžbini, šta se to desilo da *Blow-Up* bude toliko različit od tvoje priče, da li misliš da pisac mora da bude angažovana ličnost? Kad dođe do toga, već mi postaje jasno da će mi poslednji intervju tražiti na vratima pakla i siguran sam da će pitanja biti ista, a ako kojim slučajem dospem *chez* Svetog Petra, ništa se neće promeniti, zar se vama ne čini da ste tamo dole pisali previše hermetično za običan narod?

Zatim je tu hotel Evropa i tuš koji predstavlja krunu putovanja, uz dugačak monolog sapuna i tišine. Samo što me u sedam, kad je već bilo vreme da prošetam San Hoseom i da vidim da li je onako jednostavan i baš onakav kao što su mi pričali, jedna ruka hvata za sako a iza se pojavljuje Ernesto Kardenal i kakav zagrljaj, pesniče, kako je lepo što si tu posle onog susreta u Rimu, posle toliko susreta na papiru tokom tolikih godina. Uvek me iznenadi, uvek me uzbudi kad neko kao što je Ernesto

dođe da me vidi i da me potraži, reći ćeš da iz mene ki-
pi lažna skromnost ali samo reci, stari moj, šakal zavija
ali autobus prolazi, uvek ću ostati samo amater, neko
ko odozdo toliko voli neke ljude da se jednoga dana po-
kaže da i oni njega vole, to su stvari koje me prevazila-
ze, bolje da pređemo u novi red.

Novi red sastojao se u tome što je Ernesto znao da ja
dolazim u Kostariku i pošao mi u susret, sa svog ostrva
je došao avionom jer ga je ptičica koja mu donosi vesti
obavestila da Tike hoće da me vode u Solentiname a
njemu se učinila neodoljivom pomisao da dođe da me
vidi, tako da smo dva dana kasnije Serhio i Oskar i Er-
nesto i ja pretovarili previše lako pretovarljiv kapacitet
jednog aviončića kompanije Piper Actek, čije ime će za
mene zauvek ostati enigma, ali aviončić je leteo uz gro-
zno štucanje i podrigivanje dok je plavokosi pilot na ra-
diju slušao neki kalipso koji je sve to trebalo da priguši
i izgledao potpuno ravnodušan prema mojoj predstavi
da nas Actek nosi pravo na piramidu da budemo žrtvo-
vani. Nije bilo tako, kao što se može videti, sleteli smo u
Čilesu i odatle nas je jedan podjednako teturav džip
odvezao do imanja pesnika Hosea Koronela Urtećea,
kojeg bi bilo dobro da više ljudi pročita i u čijoj kući
smo se odmarali razgovarajući o tolikim drugim prijate-
ljima pesnicima, o Rokeu Daltonu i Gertrudi Štajn, o
Karlosu Martinesu Rivasu, sve dok nije stigao Luis Ko-
ronel pa smo otišli za Nikaragvu njegovim džipom i nje-
govim skokovito brzim splavom. Ali pre toga smo se sli-
kali za uspomenu jednim od onih aparata iz kojih
odmah izađe papirić nebeskoplave boje pa se malo po-
malo nekim čudom polaroid postepeno ispuni slikama,
najpre uznemirujuća ektoplazma a zatim polako nos,
kovrdžava kosa, Ernestov osmeh i njegova nazarenska
traka na glavi, gospa Marija i gos'n Hose ocrtavaju se na
verandi. Svima se to učinilo sasvim normalno jer su sva-
kako bili navikli da se služe tim aparatom ali ja nisam,
mene je to što sam video kako se pojavljuju ni iz čega, iz

nebeskoplavog kvadratića ničega, ta lica i ti osmesi u znak pozdrava, ispunjavalo čuđenjem, i to sam im i rekao, sećam se da sam pitao Oskara šta bi se desilo ako bi jednom pošto se napravi porodična fotografija nebeskoplavi kvadratić ničega počeo da ispunjava Napoleon na konju, grohotan smeh gos'n Hosea Koronela koji je sve to slušao kao i uvek, džip, haj'mo do jezera.

U Solentiname smo stigli kad je već bila pala noć, tamo su nas čekali Tereza i Vilijem i neki američki pesnik i drugi momci iz tog mesta; otišli smo na spavanje skoro odmah ali sam pre toga video slike u jednom uglu, Ernesto je razgovarao sa svojim ljudima i vadio iz jedne torbe provijant i poklone koje je doneo iz San Hosea, neko je spavao u jednoj ljuljašci a ja sam već video slike u uglu, počeo sam da ih posmatram. Ne sećam se ko mi je objasnio da su to radovi seljaka iz tog kraja, ovu je naslikao Visente, ova je Ramonina, neke potpisane a neke ne ali sve toliko lepe, još jednom prvobitna vizija sveta, čist pogled onoga ko opisuje svoju okolinu kao da peva hvalospev: majušne kravice na poljima prekrivenim bulkama, koliba od šećera iz koje ljudi izlaze kao mravi, konj zelenih očiju u čijoj pozadini je polje trske, krštenje u nekoj crkvi koja ne veruje u perspektivu pa se penje ili pada po samoj sebi, jezero sa čamčićima kao cipele a u zadnjem planu jedna ogromna riba nasmejanih usana tirkizne boje. Onda je došao Ernesto da mi objasni kako prodaja slika pomaže da se sastavi kraj s krajem, izjutra će mi pokazati radove seljaka u drvetu i kamenu i njihove sopstvene skulpture; polako smo tonuli u san ali ja sam i dalje prelazio pogledom preko slika nagomilanih u uglu, vadio sam velike špilove od platna sa kravicama i cvećem i onom majkom sa dva deteta u krilu, jedno u belom a drugo u crvenom, pod nebom toliko punim zvezda da je onaj jedini oblak ostao kao postiđen u jednom uglu, stisnuo se uz letvicu na okviru slike, skoro iskočio sa slike iz čistog straha.

Sledećeg dana je bila nedelja i misa u jedanaest, misa u Solentinameu na kojoj seljaci i Ernesto i prijatelji koji su došli u posetu zajedno raspravljaju o nekoj glavi iz Jevanđelja, toga dana došao je red na hvatanje Isusa u vrtu, tema o kojoj svet iz Solentinamea priča kao da govori o sebi, o pretnji da im upadnu noću ili usred dana, taj život u stalnoj neizvesnosti na ostrvima i na kopnu i u celoj Nikaragvi i ne samo u celoj Nikaragvi nego i u skoro celoj Latinskoj Americi, život okružen strahom i smrću, život u Gvatemali i život u El Salvadoru, život u Argentini i Boliviji, život u Čileu i Santo Domingu, život u Paragvaju, život u Brazilu i Kolumbiji.

Posle je već trebalo misliti na povratak i u tom trenutku sam se ponovo setio slika, otišao sam u opštinsku salu i počeo da ih gledam u ludačkom podnevnom svetlu, sudaraju se jarke boje, akrilik i ulje sa konjića, i suncokreta, i veselja u polju, i simetričnih palmi. Setio sam se da imam rolnu filma u aparatu pa sam izašao na verandu ponevši slike na rukama; Serhio je naišao i pomogao mi da ih uspravim tamo gde je svetlo bilo dobro, fotografisao sam ih pažljivo jednu po jednu, postavljajući ih tako da svaka slika potpuno ispuni kadar. Takve su slučajnosti: ostalo mi je onoliko snimaka koliko je bilo slika, nijedna nije izostavljena, i kad je Ernesto došao da nam kaže kako je splav spreman, ispričao sam mu šta sam uradio a on se nasmejao, slikokradica, krijumčar prizora. Jeste, rekoh mu, sve ih nosim sa sobom, tamo ću ih projektovati na mom ekranu i biće veće i blistavije nego ove, jebi se.

Vratio sam se u San Hose, bio sam u Havani i tamo ostao poslom, kad sam se umoran i nostalgičan vratio u Pariz Klodin me je ćutljivo sačekala na aerodromu Orli, ponovo onaj život navijen kao ručni časovnik i *merci monsieur, bonjour madame*, razni odbori, bioskop, crno vino i Klodin, Mocartovi kvarteti i Klodin. Između toliko stvari koje su žabe od kofera ispljunule na krevet i tepih, časopisa, isečaka, maramica i knjiga pesnika iz

Srednje Amerike, kutijice od sive plastike sa rolnama filma, toliko stvari tokom dva meseca, niz slika iz Škole Lenjin u Havani, ulice Trinidada, obrisi vulkana Irasu i njegova kofa ključale zelene vode gde smo Samuel i ja i Sarita zamišljali kako već skuvane patke plivaju kroz sumpornu maglu. Klodin je odnela rolne na razvijanje, jednog popodneva dok sam prolazio Latinskom četvrti setio sam se i pošto sam imao priznanicu u džepu podigao sam ih i bilo ih je osam, odmah sam pomislio na slike iz Solentinamea, kad sam stigao kući pročešljao sam kutijice gledajući prvi dijapozitiv iz svake serije, setio sam se kako sam pre nego što sam snimio slike fotografisao Ernestovu misu, neka deca igraju se oko palmi baš kao na slikama, deca i palme i krave na žestoko plavoj pozadini neba i jezera koje je jedva malo zelenkastije, ili možda obratno, više mi nije bilo jasno. Stavio sam u projektor kutiju sa decom i sa misom, znao sam da posle počinju slike, sve do kraja rolne.

Padao je mrak i ja sam bio sam, Klodin će doći kad izađe s posla da slušamo muziku i da bude sa mnom; spremio sam platno za projekcije i jedan rum sa dosta leda, namestio projektor sa dijapozitivima i njegov daljinski upravljač; nije bilo potrebe da navlačim zavese, noć je već uslužno stigla paleći lampe i miris ruma; bila je prijatna pomisao da će se sve postepeno ponoviti, posle slika iz Solentinamea staviću kutiju sa dijapozitivima sa Kube, ali zašto te slike prvo, zašto profesionalna deformacija, umetnost pre života, a zašto da ne, reče ona prva ovome drugom u večitom neuništivom bratskom i svadljivom dijalogu, zašto da ne gledamo prvo slike iz Solentinamea kad su i one život, kad je sve to isto.

Prošle su slike sa mise, nešto lošije zbog grešaka u ekspoziciji, deca su se naprotiv igrala na punom svetlu, tako beli zubi. Bezvoljno sam pritiskao dugme za menjanje dijapozitiva, toliko bih se dugo zadržao gledajući svaki od tih fotosa lepljivih od uspomena, krhki mali svet Solentinamea okružen vodom i policajcima, baš kao onaj dečak koga sam gledao ne shvatajući, pritisnuo sam dugme i dečko je stajao tu sasvim jasno u drugom planu, široko i glatko lice kao ispunjeno nevericom i iznenađenjem dok se njegovo telo ruši prema napred, jasno uočljiva rupa na sred čela, oficirov pištolj još pokazuje putanju metka, ostali pored svojih mitraljeza, nejasna pozadina sa kućama i drvećem.

Šta god mi mislili, to uvek stiže pre nego mi sami i ostavlja nas daleko za sobom; glupavo sam sebi rekao da su verovatno pogrešili u radnji, da su mi dali fotografije neke druge mušterije, ali otkud onda misa, deca koja se igraju na livadi, otkud onda. Ni ruka me nije poslušala kada je pritisnula dugme i pojavilo se beskrajno salitrište na podnevnoj svetlosti sa dve-tri krovinjare od zarđalog lima, ljudi nagomilani s leve strane gledaju tela koja leže nauznak, njihove raširene ruke naspram praznog i sivog neba; trebalo je dobro da se napregnem pa da u dnu nazrem uniformisanu grupu ljudi koji, okrenuti leđima, odlaze, džip koji čeka s druge strane padine.

Znam da sam nastavio; pred time što se odupiralo svakom zdravom razumu jedino sam mogao i dalje da pritiskam dugme, gledajući ugao ulica Korijentes i San Martin i crni automobil sa četvoricom ljudi koji su uperili oružje ka pločniku po kojem je neko trčao u beloj košulji i patikama, dve žene koje su htele da se sakriju iza jednog parkiranog kamiona, neko ko gleda, okrenut licem, lice sa izrazom neverice i užasa, diže ruku ka bradi kao da želi da se opipa i proveri da li je još uvek živ, i odjednom soba skoro u pomrčini, prljava svetlost koja pada sa visokog prozorčića sa rešetkama, sto sa nagom devojkom okrenutom na leđa i kosom koja joj visi do poda, senka okrenuta leđima koja joj stavlja žicu između raširenih nogu, dvojica sa druge strane razgovaraju između sebe, jedna plava kravata i jedan zeleni pulover. Nikada nisam saznao da li sam nastavio da pritiskam dugme ili ne, video sam neki proplanak u prašumi, jednu kolibu sa krovom od slame i drveće u prvom planu, uz stablo onog bližeg drveta naslonjen mršav mladić gleda ulevo gde stoji jedna grupa, nejasna, petorica-šestorica zbijenih ljudi sa uperenim puškama i pištoljima; mladić sa dugačkim licem i sa kovrdžom koja mu pada na mrko čelo gleda ih, napola podignute ruke, dok mu je druga možda u džepu na pantalonama, kao da im govori nešto, nemarno, skoro preko volje, i mada je slika bila mutna osetio sam i znao i video da je taj mladić Roke Dalton, i tada sam zaista pritisnuo dugme kao da time mogu da ga spasem od te sramne smrti, uspeo sam da vidim neki automobil koji se raspada u paramparčad u samom centru jednog grada koji je mogao biti Buenos Ajres ili Sao Paolo, pritiskao sam i pritiskao kroz rafale okrvavljenih lica i komada tela i trku žena i dece preko neke bolivijske ili gvatemalske padine, odjednom je ekran ispunio sjaj žive i ništa, takođe Klodin koja je ušla tiho bacivši svoju senku na ekran pre nego što se sagla da me poljubi u kosu i pita me da li su lepe, da li sam zadovoljan fotografijama, hoću li da joj ih pokažem.

Ponovo sam namestio kutiju i vratio upravljač na nulu, čovek ne zna ni kako ni zašto radi neke stvari kad pređe granicu koju isto tako ne zna. Ne gledajući je, jer ona bi shvatila ili bi se naprosto uplašila onoga što je moralo biti na mojem licu, ne objašnjavajući joj ništa jer je sve bilo jedan čvor u grlu sve do noktiju na stopalima, ustao sam i polako je smestio u svoju fotelju i mora biti da sam rekao nešto kao da idem da joj donesem neko piće a ona neka gleda, neka gleda ona dok ja odem da joj donesem piće. U kupatilu sam čini mi se povraćao, ili sam samo plakao pa sam posle povraćao ili nisam radio ništa nego sam samo sedeo na ivici kade pustivši da prođe vreme sve dok nisam smogao snage da odem u kuhinju da napravim Klodini njeno omiljeno piće, da ga napunim ledom, da onda osetim tišinu, da shvatim kako Klodin ne viče niti je dotrčala da me pita, samo tišina i na trenutke sladunjav bolero koji se probija iz susednog stana. Ne znam koliko mi je vremena trebalo da pređem od kuhinje do salona, da vidim ekran sa zadnje strane baš kad je stigla do kraja i kad je sobu na trenutak ispunio srebrnast sjaj a zatim pomrčina, Klodin ugasi projektor i zavali se u fotelju da uzme čašu i nasmeši mi se polako, srećna, mačka, tako zadovoljna.

– Kako su ti lepo ispale, ona sa ribom koja se smeje i sa majkom sa dvoje dece i sa kravicama na livadi; čekaj, pa i ona sa krštenja u crkvi, kaži mi ko ih je slikao, ne vide se potpisi.

Sedeći na podu, ne gledajući je, potražih svoju čašu i popih je naiskap. Nisam hteo ništa da joj kažem, šta bih sada mogao da joj kažem, ali se sećam kako sam neodređeno pomislio da je upitam nešto idiotski, da je upitam nije li u nekom trenutku videla jednu fotografiju sa Napoleonom na konju. Ali nisam je pitao, razume se.

San Hose, Havana, april 1976.

NEKO KO SE TUDA SMUCA

Za Esperansu Maćado,
kubansku pijanistkinju

Himenesa su iskrcali čim je pao mrak, i to svesni svih opasnosti zbog toga što je pristanište u uvali tako blizu luke. Poslužili su se električnim čamcem, razume se, koji može da klizi tiho kao zrak i da se ponovo izgubi u daljini, dok je Himenes na trenutak ostao u žbunju čekajući da mu se naviknu oči, da mu se svako čulo uskladi sa toplim vetrom i sa šumovima na kopnu. Dva dana ranije pošast vrelog asfalta i gradska vreva, jedva prikriveno sredstvo za dezinfekciju u lobiju hotela Atlantik, skoro žalosne zakrpe od burbona kojima su svi oni hteli da zatrpaju sećanje na rum; sada ga je, iako je bio kao na iglama, oprezan, jedva dozvoljavajući sebi da razmišlja, osvajao miris Istoka, jedan jedini prepoznatljiv zov noćne ptice koja mu možda želi dobrodošlicu, bolje da o tome razmišlja kao o nekoj bajalici.

U početku je Jorku izgledalo nerazumno da se Himenes iskrca tako blizu Santjaga, to je bilo protiv svih principa; upravo zato, i zato što je Himenes poznavao teren kao niko drugi, Jork je pristao na rizik i ugovorio električni čamac. Problem je bio da ne isprlja cipele, da stigne u motel kao da je neki turista iz unutrašnjosti koji putuje po svojoj zemlji; kad bude tamo, Alfonso će se pobrinuti da ga smesti, sve ostalo je stvar od nekoliko časova, plastični eksploziv na dogovorenom mestu i povratak na obalu gde će čekati čamac i Alfonso; daljinski upravljač je na brodu, i kada budu na otvorenom moru, odsjaj eksplozije i prvi plamenovi u fabrici ispratiće ih

13

sa svim počastima. Za sada je trebalo da se popne do motela starim putem koji je napušten otkako su nešto severnije izgradili drum, da se odmori malo pre poslednjeg dela puta kako niko ne bi primetio koliko je kofer težak kada se Himenes bude sreo sa Alfonsom i kada ga ovaj bude prihvatio prijateljskim gestom, izbegavajući uslužnog nosača i vodeći Himenesa do jedne od soba u motelu na pogodnom mestu. To je bio najopasniji deo stvari, ali jedini mogući prilaz vodio je kroz vrtove motela; uz sreću, uz Alfonsa, sve je moglo da ispadne dobro.

Naravno nije bilo nikoga na putu zaraslom u šipražje i pustoš, samo miris Istoka i tužbalica ptice koja je na trenutak iznervirala Himenesa kao da je njegovim nervima bio potreban izgovor da se malo opuste, da on i protiv svoje volje prihvati da je tamo nezaštićen, bez pištolja u džepu jer je po tom pitanju Jork bio neumoljiv, misija će biti ispunjena ili će propasti ali pištolj je nepotreban u oba slučaja i mogao bi, naprotiv, sve da upropasti. Jork je imao svoju predstavu o karakteru Kubanaca i Himenes je za to znao i psovao ga iz dubine duše dok se penjao putem a svetiljke u malobrojnim kućama i u motelu se otvarale kao žute oči iza poslednjih žbunova. Ali nije bilo vajde od psovanja, sve je išlo po planu, *according to schedule* kako bi to rekao onaj peder Jork, Alfonso u vrtu motela viče šta je to koj' moj, gde su ti kola, dečko, dva službenika gledaju i slušaju, već četvrt sata te čekam, jeste ali smo stigli sa zakašnjenjem a kola su ostala kod jedne drugarice koja je otišla kod svoje porodice, ostavila me je ovde na krivini, idi boga ti, ti si uvek džentlmen, ne zajebavaj me, Alfonso, baš je lepo prošetati ovuda, kofer prelazi iz ruke u ruku sa savršenom lakoćom, mišići napeti ali pokreti laki kao pero, ništa, hajdemo po tvoj ključ pa ćemo posle da popijemo po jednu, kako si ostavio Čoli i decu, rastužili su se, stari moj, hteli su da pođu ali znaš već, škola i posao, ovog puta se nismo uklopili, maler.

14

Tuširanje na brzinu, provera da li se vrata dobro zatvaraju, kofer otvoren na drugom krevetu i zeleni smotuljak u fioci u komodi među košuljama i novinama. Za šankom je Alfonso već naručio ekstra suvi sa mnogo leda, pušili su razgovarajući o Kamagveju i o Stivensonovom poslednjem meču, klavir je dopirao kao iz daljine iako je pijanistkinja bila odmah tu na kraju šanka, svirala je veoma nežno neku habaneru a zatim nešto od Šopena, pa prešla na neku dansonu i jednu staru baladu iz nekog filma, nešto što je u dobra stara vremena pevala Irena Djun. Popili su još po jedan rum i Alfonso je rekao da će se ujutro vratiti da ga odvede u obilazak i da mu pokaže nova naselja, u Santjagu se toliko toga moglo videti, radilo se naporno da bi se ispunili pa i prebacili planovi, mikrobrigade su pravo čudo, Almeida će doći da otvori dve fabrike, tu će možda čak i Fidel u nekom momentu da se pojavi, drugovi su toliko dobro zapeli da je to pravo uživanje.

– Santjažani nikad ne spavaju – rekao je barmen, i oni se nasmejaše s odobravanjem, ostalo je malo sveta u trpezariji i Himenesu su namenili sto pored prozora. Alfonso se oprostio pošto je ponovio da će se videti ujutro; dobro opruživši noge, Himenes je počeo da proučava jelovnik. Neki umor koji nije osećao samo u telu primorao ga je da dobro pazi na svaki svoj pokret. Sve je tu bilo prijatno i srdačno i mirno i Šopen, koji se sada opet vraćao kroz prelid koji je pijanistkinja svirala vrlo polako, ali Himenes je osećao pretnju kao da će ga ščepati neke kandže, pri najmanjoj grešci nasmejana lica pretvoriće se u maske mržnje. Bili su mu poznati ti osećaji i umeo je da ih savladava; naručio je neku čorbicu da mu prođe vreme i pustio da ga posavetuju u vezi sa jelom, večeras bolje ribu nego meso. Trpezarija je bila skoro prazna, za šankom je bio jedan mladi par a nešto dalje neki čovek koji je izgledao kao stranac i pio ne gledajući u svoju čašu, očiju uprtih u pijanistkinju koja je ponavljala temu Irene Djun, sad je Himenes prepoznao

Dim u očima, ona nekadašnja Havana, klavir se vraćao na Šopena, jedna od onih etida koje je i Himenes svirao kada je učio klavir kao dečak, pre velike panike, neka spora i melanholična etida što ga je podsetila na salon u kući, na umrlu baku, i skoro protiv volje, na sliku njegovog brata koji je ostao uprkos očevoj kletvi; Robertiko je umro kao budala u Hironu umesto da pomogne u ponovnom osvajanju istinske slobode.

Skoro iznenađen, jeo je s apetitom, uživajući u onome što njegovo pamćenje nije zaboravilo, ironično priznajući da je to jedino dobro jelo, u poređenju sa onim što su gutali za susednim stolom. Nije mu se spavalo i prijala mu je muzika, pijanistkinja je bila jedna još uvek mlada i lepa žena, svirala je kao za sebe ne gledajući nikako prema šanku gde je čovek sa izgledom stranca pratio igru njenih ruku i prešao na još jedan rum i još jednu cigaru. Posle kafe Himenes je pomislio da će mu se odužiti ako ugovoreno vreme bude čekao u svojoj sobi, pa je prišao šanku da popije još jedno piće. Barmen je bio raspoložen za priču ali je to činio s poštovanjem prema pijanistkinji, skoro je šaputao kao da shvata da stranac i Himenes uživaju u toj muzici, sad neki valcer, jednostavna melodija u koju je Šopen stavio nešto nalik na laganu kišu, na prah ili suvo cveće iz albuma. Barmen nije obraćao pažnju na stranca, možda je slabo govorio španski ili je bio ćutljiv čovek, u trpezariji su se već gasila svetla i trebalo je poći na spavanje ali je pijanistkinja i dalje svirala neku kubansku melodiju koju je Himenes ostavljao za sobom dok je palio sledeću cigaru i uz jedno laku noć izgovoreno oko sebe krenuo ka vratima i ušao u ono što ga je očekivalo s onu stranu, tačno u četiri prema podešenim časovnicima na njegovoj ruci i tamo na čamcu.

Pre nego što je ušao u sobu navikao je oči na pomrčinu u vrtu kako bi se uverio u ono što mu je objasnio Alfonso, jedna staza na nekih stotinak metara, račvanje ka novom drumu, preći obazrivo i produžiti na zapad.

Iz hotela je video samo mračnu zonu tamo gde je počinjala staza, ali vredelo je uočiti ona svetla u dnu i ona dva-tri s leva kako bi stekao predstavu o rastojanjima. Fabrička zona počinjala je sedamsto metara na zapad, pored trećeg betonskog stuba naći će rupu kroz koju će proći kroz bodljikavu žicu. U načelu su čuvari retko bili s te strane, prolazili su na svakih četvrt sata ali su posle radije ostajali da ćaskaju među sobom s druge strane gde je bilo struje i kafe; u svakom slučaju više nije bilo važno da li će isprljati odelo, treba da puzi kroz šipražje sve do mesta koje mu je Alfonso do detalja opisao. Povratak će biti jednostavan bez zelenog zamotuljka, bez svih onih lica koja su ga okruživala do sada.

Legao je u krevet skoro odmah i ugasio svetlo da puši na miru; čak je malo i zadremao da bi mu se telo opustilo, imao je naviku da se budi na vreme. Ali prethodno je proverio da li su vrata dobro zatvorena iznutra i da li njegove stvari stoje onako kako ih je ostavio. Pevušio je onaj valcer koji mu se urezao u pamćenje, mešajući prošlost i sadašnjost, napregao se da ga odagna, da ga zameni *Dimom u očima,* ali se valcer vraćao, ili je to bio prelid, polako je padao u san ali ih se nije mogao osloboditi, još uvek videći tako bele ruke pijanistkinje, njenu glavu pognutu kao da pažljivo sluša samu sebe. Noćna ptica ponovo je pevala u nekom žbunu ili u šumi palmovog drveća na severu.

Probudilo ga je nešto što je bilo mračnije od mraka u sobi, mračnije i teže, neraspoznatljivo u dnu kreveta. Sanjao je Filis i festival pop muzike, sa svetlima i zvucima tako jakim da je otvaranje očiju bilo kao pad u čist prostor bez prepreka, bunar pun ničega, a u isti mah utroba mu je govorila da nije tako, da je deo toga drugačiji, ima drugačiju gustinu i drugačiju crnoću. Potražio je prekidač zamahnuvši rukom; stranac iz bara sedeo je u dnu kreveta i gledao ga mirno, kao da je do tog trenutka bdeo nad njegovim snom.

17

Učiniti nešto, pomisliti nešto, bilo je podjednako nezamislivo. Utroba, čist užas, beskraj: a i možda trenutna tišina, dvostruki most očiju. Pištolj, prva uzaludna misao; kad bi barem pištolj. Dahtanje koje je ponovo uvelo vreme, odbacivanje poslednje mogućnosti da je to još uvek san i gde je Filis, gde je muzika i svetla i piće.

– Da, tako je – reče stranac, i Himenes kao da je na koži osetio težak naglasak, dokaz da nije odatle, kao i ono nešto u obliku njegove glave i ramena kada ga je prvi put video za šankom.

Dižući se santimetar po santimetar, tražeći barem jednakost po visini, potpuno nepovoljan položaj, jedina mogućnost bilo je iznenađenje ali je i u tome bio na čistom gubitku, unapred savladan; mišići ga nisu slušali, izdale su ga poluge sopstvenih nogu uz pomoć kojih bi se očajnički ustremio na njega i ovaj je to znao, ostao je miran i nekako opušten u dnu kreveta. Kada je Himenes video da vadi cigaru i da drugu ruku nemarno stavlja u džep pantalona kako bi izvukao šibice, znao je da bi samo gubio vreme ako bi se bacio na njega; bilo je isuviše prezira u načinu na koji je bio nehajan, u tome što nije zauzeo odbramben stav. A što je još gore, njegove sopstvene mere predostrožnosti, zaključana vrata, navučena reza.

– Ko si ti? – čuo je sopstveno besmisleno pitanje poteklo iz nečega što nije moglo biti ni san ni java.

– Šta je to važno – reče stranac.

– Ali Alfonso...

Video je kako ga gleda nešto nalik na neko izdvojeno vreme, neko šuplje rastojanje. Plamen šibice odblesnuo je u širokim zenicama boje lešnika. Stranac ugasi šibicu i na trenutak pogleda svoje ruke.

– Siroti Alfonso – reče. – Siroti, siroti Alfonso.

Nije bilo sažaljenja u njegovim rečima, samo neke vrste ravnodušne potvrde.

– Ama ko si ti, majku mu? – povika Himenes znajući da je to histerija, gubitak svake kontrole.

– Oh, neko ko se tuda smuca – reče stranac. – Uvek dođem kad sviraju moju muziku, naročito ovde, znaš. Volim da je slušam kad je sviraju ovde, na ovim bednim klavirima. U moje vreme je bilo drugačije, uvek sam morao da je slušam daleko od svoje zemlje. Zato volim da dođem, to je neka vrsta pomirenja, pravde.

Stežući zube kako bi već odatle savladao drhtavicu koja ga je obuzimala od glave do pete, Himenes je uspeo da pomisli kako je jedino pametno zaključiti da je ovaj čovek lud. Više nije bilo važno kako je ušao, kako je znao, jer je svakako znao ali je bio lud i to je bila jedina moguća prednost. Dobiti na vremenu, onda, povlađivati mu, pitati ga za klavir, za muziku.

– Lepo svira – reče stranac – ali razume se, samo ono što si čuo, lake stvari. Večeras bih voleo da je svirala onu etidu koju zovu revolucionarna, zaista bih to jako voleo. Ali ona to ne može, sirotica, nema ona prste za to. Za to su potrebni ovakvi prsti.

Ruku podignutih u visini ramena, pokazao je Himenesu raširene prste, dugačke i zgrčene. Himenes je uspeo da ih vidi samo trenutak pre nego što ih je osetio na vratu.

Kuba, 1976.

PUTEROVA NOĆ

Takve stvari su Peralti padale na pamet, on nikome nije ništa previše objašnjavao ali se tog puta malo više otvorio i rekao da je to kao priča o ukradenom pismu, Esteves isprva nije shvatio i čekao je šta dalje sledi; Peralta je slegnuo ramenima kao da odustaje od nečega i pružio mu ulaznicu za meč, Esteves je video vrlo veliki crveni broj 3 na žutoj pozadini, a ispod 235; ali još pre toga, kako da ne vidi slova koja prosto skaču u oči, MONSON PROTIV NAPOLESA. Drugu ulaznicu poslaće Valteru, rekao je Peralta. Ti ćeš biti tamo pre nego što počnu borbe (uputstva je govorio samo jednom, i Esteves ga je vrlo pažljivo slušao upijajući svaku reč) a Valter će stići na polovini prvog preliminarnog meča, ima sedište s tvoje desne strane. Pazi na one koji se u poslednjem trenutku sete da traže bolja mesta, kaži mu nešto na španskom da bi bio siguran. On će doći sa torbom kakve nose hipici, spustiće je između vas dvojice ako sedite na klupi ili na pod ako sedite na stolicama. Nemoj razgovarati s njim ni o čemu drugom osim o mečevima i osmotri dobro unaokolo, sigurno će biti Meksikanaca ili Argentinaca, dobro ih drži na oku u trenutku kada budeš stavljao paket u torbu. Valter zna da torba mora biti otvorena? upitao je Esteves. Zna, reče Peralta kao da sklanja muvu sa revera, samo sačekaj do finala kad više niko ne obraća pažnju. Kad je Monson u pitanju, teško je obraćati pažnju na bilo šta drugo, reče Esteves. Kao i Puter, reče Peralta. Nikakve priče, upamti. Valter će otići prvi, ti pusti neka ljudi prolaze pa izađi na druga vrata.

Ponovo je razmislio o svemu tome kao da još jednom ponavlja instrukcije dok ga je metro vozio do stanice Defans sa putnicima za koje bi se po izgledu reklo da takođe idu da gledaju meč, muškarci po trojica-četvorica, Francuzi obeleženi dvostrukom pobedom Monsona nad Butjeom, u želji za osvetom preko posrednika ili možda već potajno osvojeni. Kako je genijalna Peraltina ideja, da njemu poveri tu misiju koja je, pošto je od njega potekla, morala biti kritična, a istovremeno da ga pusti da odozgo gleda jednu borbu koja kao da je samo za milionere. Sad je već shvatio aluziju na ukradeno pismo, kome bi moglo pasti na pamet da bi se Valter i on mogli sresti na boks meču, u stvari nije u pitanju bio susret jer se on mogao odigrati na hiljadu mesta u Parizu, nego Peraltina odgovornost, on je polako odmeravao svaku stvar. Za one koji bi mogli pratiti Valtera ili njega, bioskop ili kafana ili tako nešto bila su moguća mesta za susret, ali ovaj meč je kao obaveza za svakoga ko ima dovoljno para, i ako ga budu pratili žestoko će se razočarati pred cirkuskom šatrom koju je podigao Alen Delon; tu niko neće ući bez žutog papirića, a ulaznice su rasprodate još pre nedelju dana, u svim novinama je pisalo. Peralti je još više išlo u korist to što, ako neko prati njega ili Valtera, nikako neće moći da ih vidi zajedno ni pri ulasku ni pri izlasku, dva navijača među hiljadama sličnih koji su izlazili iz metroa i autobusa kao kad neko izduva dim od cigarete, sve se više tiskajući kako su polazili u istom pravcu i kako se vreme približavalo.

Dosetljiv je taj Alen Delon: cirkuska šatra podignuta na nekoj ledini do koje se stizalo pošto se pređe preko jednog mosta i produži improvizovanim stazama od dasaka. Prethodne noći je padala kiša i ljudi nisu silazili sa dasaka, već od izlaska iz metroa prateći ogromne strelice koje su pokazivale pravi smer i ono MONSON-NAPOLES u šljaštećim bojama. Dosetljiv je Alen De-

21

lon, kadar da postavi sopstvene strelice na neprikosnovenoj teritoriii metroa, pa šta košta da košta. Estevesu se taj tip nije sviđao, ni ta prepotencija s kojom je organizovao svetski šampionat za svoj račun, podigne šatru i teraj, prethodno te košta đavo ipo, ali se mora priznati, da je nešto i zauzvrat, o Monsonu i Puteru da i ne pričamo, ali tu su i drečave strelice u metrou, prima te kao pravi gospodin, pokazuje put navijačima koji bi napravili dar-mar na izlazu i na ledini punoj bara.

Esteves je stigao kako treba, kad je šatra bila napola puna, i pre nego što je pokazao ulaznicu zastao je na trenutak da pogleda policijske kamione i ogromne prikolice osvetljene spolja ali sa navučenim zavesama na prozorima, povezane sa šatrom pokrivenim galerijama kao za penjanje u avion. Tu su bokseri, pomisli Esteves, ona bela prikolica, novija, sigurno je Karlitosova, taj ti se neće mešati sa ostalima. Napoles sigurno ima svoju prikolicu s druge strane šatre, to se radi sa naučnom preciznošću, a usput je čista improvizacija, mnogo platna i prikolice na ledini. Tako se prave pare, pomisli Esteves, mora se imati ideja i jaja, burazeru.

Njegov red, peti od zone ringa, bio je klupa od daske sa velikim obeleženim brojevima, tu je izgleda bio kraj ljubaznosti Alena Delona jer je osim stolica oko ringa sve ostalo bilo kao u cirkusu, i to lošem, obične daske, mada, mora se priznati, i razvodnice u mini-suknjama od kojih ti svaka zamerka zamre na usnama. Esteves je sam pronašao 235, iako mu se devojka smešila pokazujući mu broj kao da on ne zna da čita, pa je seo da prelista novine koje će mu kasnije poslužiti kao jastuče. Valter će biti s njegove desne strane, i zato je Esteves držao paket sa novcem i papirima u levom džepu sakoa; kad dođe trenutak moći će da ga izvadi desnom rukom i da ga odmah premesti kod kolena i ubaci u otvorenu torbu pored sebe.

Čekanje mu se odužilo, bilo je vremena da razmišlja o Marisi i malome, oni sad sigurno završavaju večeru, mali već napola zaspao a Marisa gleda televiziju.

Možda prenose meč i ona ga gleda, ali on joj neće reći da je bio, bar za sada se nije moglo, možda jednom kad se stvari budu slegle. Bezvoljno je otvorio novine (Marisa gleda meč, smešno je pomisliti da neće moći ništa da joj kaže i pored tolike želje da priča sa njom o tome, naročito ako mu ona bude pominjala Monsona i Napolesa) uz vesti iz Vijetnama i crnu hroniku šatra se punila, iza njega je jedna grupa Francuza raspravljala o Napolesovim šansama, levo od njega upravo se smestio neki upicanjen tip koji je prvo dugo i sa užasavanjem osmatrao dasku na kojoj će upropastiti svoje besprekorne plave pantalone. Nešto niže bilo je parova i grupa prijatelja, među njima trojica su govorili nekim naglaskom koji je mogao biti meksički; mada Esteves nije bio baš vičan prepoznavanju naglasaka, Puterovih navijača je moralo biti puno te noći kada je izazivač hteo ništa manje nego Monsonovu krunu. Osim Valterovog mesta bilo je još nekoliko praznina, ali svetina je kuljala kroz ulaze u šatru i devojke su morale da se maksimalno potrude da svakoga smeste. Esteves je mislio kako je osvetljenje na ringu previše jako a muzika previše pop, ali sad kada je počeo prvi preliminarni meč publika nije traćila vreme na zamerke nego je raspoloženo pratila lošu borbu punu slučajnih pogodaka i klinčeva; u trenutku kada je Valter seo pored njega Esteves je došao do zaključka da to nije prava publika za boks, barem ovi oko njega; gutali su sve i svašta iz snobizma, samo da bi videli Monsona ili Napolesa.

– Izvinite – reče Valter smeštajući se između Estevesa i neke debele žene koja je gledala meč napola zagrljena sa mužem, takođe debelim čovekom sa izrazom nekoga ko se razume u stvar.

– Namestite se lepo – reče Esteves. – Nije lako, ovi Francuzi uvek računaju na mršave.

Valter se nasmejao dok je Esteves blago gurao ulevo kako ne bi zakačio onoga u plavim pantalonama; konačno je ostalo mesta da Valter prebaci plavu platnenu tašnu s kolena na klupu. Već je vođen drugi preliminarni meč koji je takođe bio loš, ljudi su se naročito zabavljali onime što se dešavalo izvan ringa, dolazak velike grupe Meksikanaca sa sombrerima ali odevenih po propisu, nafatiranih, koji su možda i avion iznajmili da bi čak iz Meksika došli da navijaju za Putera, zdepasti tipovi širokih ramena i trtastih guzica, sa licima u stilu Panča Vilje, skoro previše tipični dok su bacali svoje šešire u vazduh kao da je Napoles već u ringu, vičući i svađajući se pre nego što su se uglavili u svoja sedišta pored ringa. Alen Delon je sigurno sve predvideo jer je iz zvučnika grunuo meksikanski korido ali Meksikanci nisu pokazali da im je nešto naročito poznat. Esteves i Valter se zgledaše sa ironijom, u tom trenutku je kroz onaj dalji ulaz nagrnula gomila ljudi predvođena grupom od pet-šest žena, svaka šira neg' duža, u belim puloverima i sa povicima „Argentina, Argentina!" dok su oni pozadi nosili ogromnu otadžbinsku zastavu, i ta grupa se probijala kroz razvodnice i sedišta, rešena da stigne do ivice ringa gde sigurno nisu bila njihova mesta. Uz besomučnu larmu, konačno su se poređali u vrstu koju su razvodnice sprovele, uz pomoć nekoliko nasmejanih gorila i mnogo objašnjavanja, do dve poluprazne klupe, i Esteves vide kako žene nose crnim slovima ispisano MONSON na leđima pulovera. Sve je to poprilično uveseljavalo publiku koju je malo zanimala nacionalna pripadnost tih prznica, pošto nisu bili Francuzi, a treći meč se već vodio, oštro i izjednačeno, mada Alen Delon izgleda nije mnogo potrošio na sitnu ribu kad su dve ajkule već sigurno spremne u svojim prikolicama, a oni su jedino što je ljude zanimalo.

Nastala je kao nekakva trenutna promena u vazduhu, Estevesu je knedla počela da se penje u grlo; sa zvučnika je dopirao tango što ga je svirao orkestar koji je lako mogao biti i onaj Puljezeov. Tek tada ga je Valter pogledao otvoreno i sa naklonošću, i Esteves se upitao da mu nije sunarodnik. Skoro da nisu izmenjali ni reč osim ponekog komentara u vezi sa akcijom na ringu, možda je Urugvajac ili Čileanac, ali nema pitanja,

Peralta je bio sasvim jasan, ljudi koji se sretnu na boks meču i slučajno obojica govore španski, dalje nema priče.

– Tako je, to je to – reče Esteves. Svi su poustajali uprkos protestima i zvižducima, s leva neka gužva i žamor, šeširi lete u vazduh uz poklike, Puter se penje u ring koji odjednom kao da je postao još svetliji, ljudi su sada gledali desno gde se ništa nije dešavalo, aplauzi su utihnuli pred žamorom iščekivanja a sa svojih mesta Valter i Esteves nisu mogli da vide prilaz drugoj strani ringa, skoro tišina, pa odjednom žagorenje kao jedini znak, odjednom beli mantil koji se ocrtava na konopcima, Monson okrenut leđima razgovara sa svojima, Napoles mu prilazi, nešto što jedva da je pozdrav uz bliceve i sudiju koji čeka da spuste mikrofon, ljudi polako sedaju na svoja mesta, poslednji sombrero koji pada veoma daleko vraćen je na suprotnu stranu iz čiste zafrkancije, zakasneli bumerang koji se vraća u ravnodušnost jer sada slede predstavljanje i pozdravi, Žorž Karpantje, Nino Benvenuti, jedan francuski šampion, Žan Klod Butje, fotografisanje i aplauzi i ring se malo pomalo prazni, meksička himna i još šešira i konačno, argentinska zastava se širi da sačeka svoju himnu, Esteves i Valter ne ustaju mada je Estevesu to bilo mnogo žao ali nije se smelo zabrljati u tom trenutku, u svakom slučaju to mu je poslužilo da sazna kako njegovih sunarodnika nema previše blizu, grupa sa zastavom pevala je himnu a plavo-bela krpa mahala je toliko da su gorile morale da dotrče za svaki slučaj, glas koji najavljuje imena i težine, sekundanti napolje.

– Kakav predosećaj imaš? – upita Esteves. Bio je nervozan, detinjasto uzbuđen sada kad su se rukavice dohvatile u znak prvog pozdrava a Monson, okrenut licem, zauzimao gard koji nije ličio na odbranu, dugih i tankih ruku, skoro krhkog tela naspram Putera koji je bio niži i tamnije puti i već zadao dva uvodna udarca.

– Uvek sam voleo izazivače – reče Valter, a pozadi je neki Francuz objašnjavao kako će Monsonu pomoći razlika u visini, promišljeni udarci, Monson je ulazio i izlazio s lakoćom, runda je skoro po nuždi bila nerešena. Znači voli izazivače, sigurno nije Argentinac jer u tom slučaju; ali naglasak, sto posto je Urugvajac, pitaće Peraltu koji mu zacelo neće odgovoriti. U svakom slučaju sigurno nije dugo u Francuskoj jer mu je debeli što se grli sa svojom ženom nešto dobacio a Valter mu je odgovorio tako nerazumljivo da je debeli načinio pokret kojim je pokazao obeshrabrenje i zapodenuo razgovor sa nekim dole. Napoles žestoko udara, pomisli Esteves zabrinuto, dva puta je video kako se Monson povlači unazad i odgovara sa zakašnjenjem, možda su ga udarci uzdrmali. Puter kao da je shvatao da mu je jedina šansa u tome da se prilepi uz protivnika, udarci koje zadaje Monsonu neće mu poslužiti onako kako su mu do sada uvek služili, njegova veličanstvena brzina nailazila je kao na nekakvu prazninu, taj trup se izvijao i izmicao mu dok je šampion jednom-dvaput dopro do lica a Francuz od pozadi sa uzbuđenjem je ponavljao vidite, vidite kako mu pomažu ruke, možda je drugu rundu dobio Napoles, ljudi su zaćutali, svaki uzvik koji bi se čuo bio je usamljen i nekako loše primljen, u trećoj rundi Puter je pokazao sve što ume i onda se desilo ono što se i moglo očekivati, pomislio je Esteves, sad će oni da vide šta ih je snašlo, Monson na konopcima, kao tužna vrba, dva udarca jedan za drugim, brza i oštra kao bič, žestok klinč da bi se izvukao iz konopaca, dohvatili su se dobro sve do kraja runde, Meksikanci su se popeli na svoja sedišta a oni od pozadi vikali su i bunili se ili i sami ustajali kako bi mogli da vide.

– Lepa borba, čoveče – reče Esteves – ovako nešto vredi da se vidi.

– Aha.

Izvadili su cigarete istovremeno, razmenili ih uz osmeh, Valterov upaljač pojavio se prvi, Esteves je na trenutak pogledao njegov profil, zatim ga video s lica, nije trebalo baš da se mnogo zagledaju, Valter je imao sedu kosu ali videlo se da je vrlo mlad, u farmericama i smeđoj majici. Student, inžinjer? Pobegao odande kao i toliki drugi, ušao u borbu, mrtvi prijatelji u Montevideu ili Buenos Ajresu, ko zna, možda i u Santjagu, moraće da pita Peraltu mada na kraju sigurno više nikada neće videti Valtera, svako na svoju stranu, i možda će se ponekad setiti kako su se sreli one noći kada je boksovao Puter koji je davao sve od sebe u petoj rundi, sada je publika bila na nogama i kao u bunilu, Argentince i Meksikance odneo je ogroman talas Francuza koji su više posmatrali borbu nego učesnike, motrili na reakcije, na igru nogu, na kraju je Esteves shvatio kako se skoro svi do kraja razumeju u tu stvar, tek bi se poneko oduševio nekim pompeznim udarcem bez većeg efekta a propustio ono što se stvarno dešavalo na tom ringu gde je Monson prilazio i povlačio se koristeći se brzinom i od tog trenutka sve više izmičući umornom Puteru koji se svim silama borio sa vrbom dugih ruku što se ponovo ljuljuškala na konopcima da bi opet ušao odozgo i odozdo, oštro i precizno. Kada je odjeknuo gong, Esteves je pogledao Valtera koji je iznova vadio cigarete.

– Pa dobro, tako je to – reče Valter pružajući mu paklicu. – Kad ne ide, ne ide.

Teško su mogli razgovarati sred one vike, publika je znala da sledeća runda može biti presudna, navijači su hrabrili Napolesa skoro kao da se opraštaju od njega, pomislio je Esteves sa naklonošću koja se više nije protivila njegovim željama sada kad je Monson tražio borbu i dobijao odgovor tokom dvadeset beskonačnih sekundi udarajući u lice i u telo dok se Puter hvatao u klinč kao da se baca u vodu, zatvarajući oči. Neće više izdržati, pomislio je Esteves i s naporom odvojio pogled od ringa kako bi odmerio platnenu torbu na klupi, dva uzastopna udarca levicom u lice Napolesu koji je ponovo pokušavao da se uhvati u klinč, Monson van dohvata, jedva da je malo sačekao da bi ga ponovo dohvatio sasvim precizno po sred lica, sad noge, treba pre svega gledati u noge, Esteves je okom stručnjaka gledao kako je Puter težak, kako se baca napred ne postavljajući se onako kako je to nekad umeo, dok Monsonove noge klize ustranu ili unazad, u savršenom ritmu, da bi se ovaj poslednji udarac desnicom punom snagom zario po sred stomaka, mnogi nisu čuli gong u histeričnoj halabuci ali Valter i Esteves jesu, Valter je prvi seo ispravivši torbu ne gledajući je a Esteves nešto sporije sede za njim i ubaci paket u deliću sekunde te ponovo diže praznu ruku kako bi pokazao svoje oduševljenje pred nosom onog tipa u plavim pantalonama koji se izgleda nije baš najbolje snalazio u ovome što se dešavalo.

– To je šampion – reče mu Esteves ne naprežući glasne žice jer ga u svakom slučaju onaj drugi ne bi čuo od tolike buke. – Karlitos, nego šta.

Pogledao je Valtera koji je mirno pušio, čovek se polako mirio sa sudbinom, šta da se radi, kad ne ide, ne ide. Svi su na nogama čekali sedmu rundu, iznenadna tišina puna neverice a zatim urlik kao iz jednog jedinog grla kada su videli peškir na podu, Napoles i dalje u svom uglu a Monson ide napred sa visoko podignutim rukavicama, šampion, veći nego ikad, pozdravlja pre nego što se izgubi u kovitlacu bliceva i zagrljaja. Bio je to kraj bez lepote ali neosporan, Puter je odustao da ne bi više bio vreća po kojoj Monson bije, svaka nada izgubljena je sada kad je ustao da priđe pobedniku i podigne rukavice do njegovog lica, skoro da ga je pomilovao, dok je Monson spuštao svoje na njegova ramena, i opet su se razdvojili, sada stvarno zauvek, pomisli Esteves, sada da se više nikada ne sretnu u ringu.

– Bila je to lepa borba – rekao je Valteru koji je okačio torbu o rame i protezao noge kao da su mu utrnule.

– Mogla je duže da traje – reče Valter – Napolesa sigurno sekundanti nisu pustili da nastavi.

– Zašto bi? Video si kako je bio osetljiv, previše je dobar bokser da to ne bi primetio.

– Da, ali kada je neko kao on, onda treba da ide do kraja, u svakom slučaju, nikad se ne zna.

– Sa Monsonom se zna – reče Esteves i, setivši se Peraltinih naređenja, srdačno mu pruži ruku. – Dobro, bilo mi je zadovoljstvo.

– I meni isto tako. Doviđenja.

– Ćao.

Video ga je kako odlazi na svoju stranu, za debeljkom koji je na sav glas raspravljao sa svojom ženom, a on je ostao iza onog tipa u plavim pantalonama koji se nije naročito žurio; malo pomalo, skretali su ulevo kako bi se izvukli iz klupa. Francuzi iza njega raspravljali su o tehnici, ali je Estevesu bilo zanimljivo da vidi kako jedna od žena grli svog prijatelja ili muža, vičući mu ko zna šta na uvo, grlila ga je i ljubila u usta i vrat. Osim u slučaju da je idiot, pomislio je Esteves, mora shvatiti da ona to ljubi Monsona. Nije više osećao težinu paketa u džepu od sakoa, nekako kao da je mogao lakše da diše, da se zainteresuje za ono što se dešava, ona devojka priljubila se uz onog tipa, Meksikanci izlaze sa šeširima koji odjednom izgledaju manji, argentinska zastava napola je smotana ali se još viori, dva debela Italijana gledaju se kao da im je sve jasno, jedan od njih skoro svečano kaže, *gliel' a messo in culo,* zavuče mu ga, a onaj drugi klima glavom na tako savršenu sintezu, vrata su zakrčena, izlazi se polako i zamorno pa onda staze od dasaka sve do mosta u hladnoj noći dok sipi kiša, na kraju most škripi pod velikim teretom, Peralta i Ćaves puše naslonjeni na ogradu, ni prstom da mrdnu, znaju da će ih Esteves videti i da će prikriti svoje iznenađenje, da će prići onako kako je prišao, izvadivši i sam jednu cigaretu.

– Razbio ga je – izvesti ih Esteves.

– Znam – reče Peralta – bio sam tamo.

Esteves ga pogleda iznenađeno, ali oni se okrenuše istovremeno i siđoše niz most kroz gomilu koja je već počela da se proređuje. Znao je da mora poći za njima i vide ih gde izlaze iz avenije koja vodi ka metrou i ulaze u jednu mračniju ulicu, Ćaves se samo jednom okrenuo kako bi se uverio da ih on nije izgubio iz vida, posle su otišli pravo do Ćavesovog auta i ušli bez žurbe ali ne gubeći vreme. Esteves je ušao pozadi zajedno sa Peraltom, auto je pošao u pravcu juga.

– Znači bio si – reče Esteves. – Nisam znao da voliš boks.

– Zabole me za boks – reče Peralta – mada Monson vredi para koje sam dao. Bio sam da bih tebe držao na oku za svaki slučaj, nisi smeo da ostaneš sam ako nešto iskrsne.

– Dobro, video si. Znaš, siroti Valter navijao je za Napolesa.

– To nije bio Valter – reče Peralta.

Auto je produžio na jug, Esteves je nejasno osetio da tim putem neće stići do Bastilje, osetio je kao da je veoma mnogo zaostao jer je sve drugo bilo kao prasak koji je odjeknuo po sred lica, Monson je udarao njega a ne Putera. Nije ni usta mogao da otvori, zagledao se u Peraltu i čekao.

– Bilo je kasno da te upozorimo – reče Peralta. – Šteta što si pošao od kuće ranije, kad smo pozvali Marisa nam je rekla da si već izašao i da se nećeš vraćati.

– Želeo sam da malo prošetam pre nego što uđem u metro – rekao je Esteves. – Pa onda, kaži.

– Sve je otišlo dođavola – reče Peralta. – Valter se javio telefonom kada je jutros stigao na Orli, rekli smo mu šta treba da uradi, potvrdio nam je da je primio ulaznicu za meč, sve je bilo cakum-pakum. Dogovorili smo se da me on pozove iz skloništa kod Luća pre nego što pođe, da budemo sigurni. U pola osam još nije bio zvao, pozvali smo Ženevjev a ona nam se potom javila da nam kaže kako Valter nije stigao do Luća.

– Sačekali su ga na izlazu iz Orlija – reče Ćavesov glas.

– Ali ko je onda onaj što je...? – poče Esteves, i ostavi rečenicu da visi u vazduhu, odjednom je shvatio i ledeni znoj izbio mu je po vratu, klizio ispod košulje, neki zavrtanj pritezao mu je stomak.

– Imali su sedam sati da iz njega izvuku podatke –
reče Peralta. – Dokaz je to što je tip znao svaki detalj od
onoga što je trebalo da uradi sa tobom. Znaš već kako
oni rade, ni Valter nije mogao da izdrži.

– Sutra ili prekosutra naći će ga na nekoj ledini – re-
kao je skoro sa dosadom Ćavesov glas.

– Šta je to sad važno – reče Peralta. – Pre nego što
sam došao na meč sredio sam sve da se oni počiste iz
skloništa. Znaš, još mi je bio ostao tračak nade kada
sam ušao pod onaj usrani šator, ali on je već bio stigao i
ništa se više nije moglo učiniti.

– Ali onda – reče Esteves – kad je otišao s parama...

– Pratio sam ga, razume se.

– Ali pre toga, ako si već znao...

– Ništa se nije moglo učiniti – ponovio je Peralta. –
Kud ode tele, nek' ide i uže, tip bi nam se suprotstavio
na licu mesta i sve bi nas ukebali, znaš već da svuda ima-
ju doušnike.

– I šta je bilo?

– Napolju su ga sačekala druga trojica, jedan je imao
nekakvu propusnicu ili tako nešto i za tili čas bili su u
autu na parkingu za Delonovo društvo i nafatiran svet,
pubovi na sve strane. Onda sam se vratio do mosta gde
nas je čekao Ćaves, i eto ti. Zapisao sam broj automobi-
la, razume se, ali neće nam vredeti ni pišljivog boba.

– Izlazimo iz Pariza – reče Esteves.

– Da, idemo na neko mirno mesto. Sada si problem
ti, to si već shvatio.

– Zašto ja?

– Zato što te sad onaj tip poznaje i na kraju će te
pronaći. Nema više skloništa posle onoga sa Valterom.

– Onda moram da idem – reče Esteves. Pomislio je
na Marisu i na maloga, kako da ih povede, kako da ih
ostavi same, sve mu se mešalo sa drvećem na početku
neke šume, zujanje u ušima kao da gomila još uvek urla
Monsonovo ime, onaj trenutak kada kao da je nastao
neki prekid izazvan nevericom i peškir je pao na sred
ringa, Puterova noć, jadni momak. A onaj tip je navijao

za Putera, kad bolje razmisli čudno je to što je bio na strani gubitnika, trebalo je da navija za Monsona, odneo je pare baš kao Monson, kao neko ko okrene leđa i odnese sve, a što je još gore, podsmeva se pobeđenome, onom jadniku sa razbijenom glavom ili sa ispruženom rukom koja govori dobro, bilo mi je zadovoljstvo. Auto je prikočio ispod drveća i Ćaves je ugasio motor. U tami je blesnula šibica i druga cigareta, Peralta.

– Onda, moram da idem – ponovio je Esteves. – U Belgiju, ako se slažeš, tamo je znaš već ko.

– Bio bi bezbedan ako bi stigao tamo – reče Peralta – ali već si video šta se desilo sa Valterom, imaju ljude na sve strane i mnogo veliku premoć.

– Mene neće uhvatiti.

– Kao ni Valtera, ko bi Valtera uhvatio i naterao ga da propeva. Ti znaš stvari različite od onih koje je znao Valter, to je muka.

– Mene neće uhvatiti – ponovio je Esteves. – Gledaj, samo treba da pomislim na Marisu i na maloga, sada kad je sve otišlo đavola ne mogu da ih ostavim ovde, osvetiće joj se. Za jedan dan ću sve da sredim i da ih odvedem u Belgiju, naći ću znaš već koga i produžiću sam na drugu stranu.

– Jedan dan je previše vremena – reče Ćaves okrećući se na sedištu. Oči su se navikavale na tamu, Esteves je video njegove obrise i Peraltino lice kad god bi ovaj primakao cigaretu usnama i povukao dim.

– U redu, otići ću najbrže što mogu – reče Esteves.

– Smesta – reče Peralta vadeći pištolj.

SASTANAK

*Setio sam se jedne stare priče Džeka
Londona, gde se glavni junak, naslo-
njen na deblo jednog drveta, sprema da
dostojanstveno okonča svoj život.*

Ernesto „Če" Gevara, *Planine i rav-
nica,* Havana, 1961.

Ništa nije moglo da nam pođe lošije ali smo barem
već bili u prokletoj barci, uz povraćanje i nalete talasa i
komade okvašenog dvopeka, oko nas puške i bale, pra-
va gadost, tešili smo se kad se moglo sa ono malo duva-
na koji je ostao suv jer se Luis (koji se nije zvao Luis, ali
smo se zakleli da se nećemo sećati naših imena dok ne
dođe vreme) dobro setio da ga stavimo u jednu limenu
kutiju koju smo otvarali pažljivije nego da je bila puna
škorpiona. Ali kakav duvan i kakvo pijenje ruma u toj
prokletoj barci, ljuljali smo se pet dana kao neka pijana
kornjača, nasuprot severcu koji ju je nemilosrdno šibao,
talasi samo tuku i vuku, odrali smo ruke o vedra, ja sa
đavolskom astmom i pola ljudstva bolesno, presamite
se da povraćaju kao da će se prekinuti preko pola. Čak
i Luis, druge noći, neka zelena žuč od koje ga je prošla
volja da se smeje, sve to i još kompas zbog kojeg nikako
da ugledamo svetionik na Rtu Krus, katastrofa kakvu
niko ni zamisliti nije mogao; kad smo to nazvali ekspe-
dicijom iskrcavanja kao da smo se opet ispovraćali, ali
od čistog jada i muke. Ukratko, šta bilo da bilo, samo da
ostavimo za sobom ovu barku, ma šta da se desi, makar
i ono što nas očekuje na kopnu – ali znali smo da nas
očekuje i zato nam nije bilo toliko važno – razvedrilo se
baš u najgorem trenutku i cap, izviđačka letilica, šta se
tu može, da se pregazi baruština ili šta je već, sa vodom
do pazuha, da se potraži sklonište u blatnjavoj travulji-
ni, pod drvetima manga, ja kao idiot sa onom pumpi-

com za adrenalin da bih mogao dalje, sa Robertom koji mi je nosio springfildovku kako bi mi pomogao da lakše pregazim baruštinu (stvarno je bila baruština, jer je mnogima od nas već palo na pamet da smo možda zalutali i da smo umesto da se iskrcamo na kopno napravili glupost i dokopali se nekog blatnjavog grebena u moru, na dvadeset milja od ostrva...); i sve tako, ne zna se da li lošije smišljeno ili još gore rečeno, u stalnoj zbrci postupaka i poimanja, neka mešavina neobjašnjive radosti i besa zbog aviona koji su nam zagorčavali život i zbog onoga što nas je čekalo na drumu ako jednom stignemo, ako se nalazimo u baruštini na obali i ako se ne vrtimo u krug kao ošamućeni, po blatu i u totalnoj propasti, na radost onog pavijana u svojoj Palati.

Niko se više ne seća koliko je to trajalo, vreme smo merili prema zaravnima između pašnjaka, prema delovima puta na kojima su nas mogli pokositi mitraljezom u brišućem letu, po urliku koji sam čuo levo od sebe, daleko, i čini mi se da je to bio Roke (njega mogu da nazovem po imenu, njegov siroti kostur ostade tamo među lijanama i žabama krastačama) jer od planova nije ostalo više ništa osim konačnog cilja, da stignemo do planina i pridružimo se Luisu, ako i on uspe da stigne; sve ostalo se raspalo u paramparčad zajedno sa kompasom, improvizovanim iskrcavanjem, ovom močvarom. Ali ako ćemo pravo, nešto je bilo sinhronizovano – napad neprijateljskih aviona. To smo predvideli i izazvali; nismo omanuli. I zato, mada još uvek osećam bol od Rokeovog urlika koji me je ošinuo po licu, zloban način na koji ja shvatam svet pomagao mi je da se potiho smejem (a od toga sam se još više gušio, i Roberto mi je nosio springfildovku da bih ja mogao da udišem adrenalin iznad vode skoro do nosa, gutajući više blata nego bilo čega drugog), jer ako su avioni tu, onda ne može biti da smo promašili obalu, najviše ako smo skrenuli nekoliko milja, ali drum će biti iza pašnjaka, zatim otvorena ravnica, i na severu prva brda. Imalo je svojih draži to što nam je neprijatelj iz vazduha potvrđivao da smo se dobro iskrcali.

Ko zna koliko je trajalo, posle je pala noć i bilo nas je šestorica pod nekim kržljavim drvećem, prvi put na skoro suvom terenu, žvakali smo vlažan duvan i neki bedan dvopek. Od Luisa, od Pabla, od Lukasa, ni traga ni glasa; raštrkani, možda mrtvi, u svakom slučaju isto onako izgubljeni i mokri kao i mi. Ali dopadao mi se osećaj da sa krajem tog vodozemnog dana moje misli počinju da se dovode u red, i da smrt, verovatnija nego ikad, više neće biti zalutali metak u sred baruštine, nego jedna čista dijalektička operacija koju su strane u igri savršeno sklopile. Vojska je morala kontrolisati drum, opkolivši močvare u očekivanju da ćemo se pojavljivati po dvojica-trojica, da će nas likvidirati blato i zveri i glad. Sada se sve videlo savršeno jasno, opet sam imao četiri strane sveta u džepu, bilo mi je smešno što se osećam tako živ i tako budan na ivici epiloga. Ništa mi nije izgledalo smešnije nego da razbesnim Roberta recitujući mu na uvo neke stihove starog Panča koji su mu bili odvratni. „Kad bismo bar iz blata mogli da se izvučemo", vajkao se Poručnik. „Ili da stvarno pušimo" (neko, još više levo, ne znam više ko, neko ko se izgubio u zoru). Organizovanje agonije: straža, spavanje na smenu, žvakanje duvana, mljackanje dvopeka naduvenog kao sunđer. Niko nije pominjao Luisa, strah da su ga ubili bio je jedini stvarni neprijatelj, jer kada bi se to potvrdilo, mnogo bi nas više pogodilo negoli potera, nedostatak oružja ili rane na stopalima. Znam da sam malo odspavao dok je Roberto stražario, ali prethodno sam razmišljao o tome kako je sve što smo uradili tih dana bilo previše nerazumno da bi se tako iz vedra neba prihvatila mogućnost da su ubili Luisa. Na neki način nerazumnost je morala da se nastavi do kraja, koji će možda biti pobeda, a u tu besmislenu igru, gde se stiglo do takvog skandala da smo čak upozorili neprijatelja da ćemo se iskrcati, nije ulazila mogućnost da izgubimo

35

Luisa. Čini mi se da sam takođe pomislio, ako izgubimo Luisa, tek tada će početi ozbiljna ig. a, spasavanje onolikog romantizma, neophodnog, i neobuzdanog, i opasnog. Pre nego što sam zaspao kao da mi se javila vizija: Luis naslonjen na neko drvo, svi mi oko njega, on polako prinosi ruku licu i skida ga, kao da je maska. S licem u ruci prilazi svom bratu Pablu, meni, Poručniku, Rokeu, pokretom nas moleći da uzmemo lice, da ga stavimo na sebe. Ali svi mi, jedan po jedan, odbijali smo to, i ja sam odbio, osmehujući se do suza, i onda je Luis opet stavio lice i videh na njemu beskrajan umor dok je on slegao ramenima i vadio cigaru iz džepa na beloj bluzi. Profesionalno govoreći, bila je to halucinacija u polusnu, od groznice, koja se lako mogla objasniti. Ali ako su stvarno ubili Luisa za vreme iskrcavanja, ko će sada da se popne u planine sa njegovim licem? Svi ćemo mi pokušati da se popnemo, ali niko sa Luisovim licem. „Kao da je svaki od nas dijadoh", pomislih već skoro kroz san. „Ali sa dijadosima je sve otišlo dođavola, to se zna."

Mada se to o čemu pričam odavno dogodilo, ostaju komadi i trenuci tako utisnuti u pamćenje da mogu pričati samo u u sadašnjem vremenu, kao da opet ležimo u pašnjaku, pored drveta koje nas štiti od provale oblaka. Treća je noć, ali u osvit ovog dana prešli smo drum uprkos džipovima i mitraljezima. Sada treba sačekati sledeće svitanje jer su nam ubili vodiča pa smo i dalje izgubljeni, moraćemo da nađemo nekog meštanina koji će nas odvesti negde gde se može kupiti štogod za jelo, kad kažem kupiti skoro da mi je smešno i ponovo se gušim, ali i u tome kao i u svemu ostalom nikome ne bi palo na pamet da se ne povinuje Luisu, hranu treba plaćati a prethodno objasniti ljudima ko smo mi i zašto radimo to što radimo. Robertovo lice u napuštenoj kolibi na padini, ostavio je pet pezosa ispod tanjira u zamenu za ono malo što smo našli a što je imalo božanstven ukus, kao jela iz Rica, ako se tamo dobro jede. Groznica mi je tako jaka da mi prolazi astma, svako zlo ima svoje dobro, ali opet mislim na Robertovo lice kad je ostavio onih pet pezosa u praznoj kolibi, i spopada me takav napad smeha da se opet gušim i sam sebe proklinjem. Trebalo bi spavati, Tinti je na straži, momci se odmaraju jedni uz druge, ja sam se malo izmakao jer imam utisak da im smeta moj kašalj i šištanje u grudima, osim toga radim i nešto što ne bih smeo, dva-tri puta u toku noći napravim zaklon od lišća i spustim lice ispod njega i polagance zapalim cigaru da se malo pomirim sa životom.

U stvari je jedino dobro toga dana bilo to što nije bilo vesti o Luisu, sve ostalo je bilo katastrofa, od nas osamdeset ubili su barem pedeset ili šezdeset; Havijer je pao među prvima, Peruanac je izgubio oko i umirao je tri sata a da ja nisam mogao ništa da uradim, čak ni da ga dokrajčim kad me drugi nisu videli. Celog dana smo se pribojavali da nam neka veza (trojica su dolazila, izlažući se neverovatnoj opasnosti, pred nosom vojnicima) ne donese vest o Luisovoj smrti. Na kraju krajeva, bolje da ne znamo ništa, da zamišljamo da je živ, da budemo u mogućnosti da ga još čekamo. Hladno odmeravam mogućnosti i zaključujem da ga nisu ubili, svi znamo kakav je, u kolikoj je meri on ludak kadar da izađe na čistinu sa pištoljem u ruci, a onaj ko ide za njim neka pruži korak. Ma ne, Lopes se brinuo o njemu, nema takvog kao što je on da ga ponekad prevari, skoro kao neko dete, da ga ubedi kako mora uraditi suprotno od onoga što bi hteo u tom trenutku. Ali ako je Lopes... Ništa ne vredi ako se krv popne u glavu, nema dovoljno elemenata ni za najmanju hipotezu, a osim toga, čudan je taj mir, to blaženstvo dok ležim nauznak kao da je sve dobro dok tako ležim, kao da se sve izvršava (skoro da sam pomislio: „da se ispunjava", što bi bilo idiotski) u skladu sa planovima. Mora da je to zbog groznice ili umora, mora da će nas sve pobiti pre nego što izađe sunce. Ali sada vredi iskoristiti taj besmisleni predah, prepustiti se posmatranju crteža koji pravi granje sa drveta na sasvim vedrom nebu, sa ponekom zvezdom, slediti sklopljenih kapaka taj slučajni crtež granja i lišća, te ritmove koji se susreću, prepliću i razdvajaju, povremeno se blago menjaju kad neki dašak ključalog vetra pređe preko krošnji, dolazeći iz baruštine. Mislim na svog sina, ali on je daleko, na hiljade kilometara, u jednoj zemlji gde se još uvek spava u krevetu, i njegov lik izgleda mi nestvarno, tanji se i nestaje među lišćem na drvetu, a naprotiv, toliko mi prija kad se setim jedne Mocartove teme koja me je oduvek pratila, prvog stava kvarteta *Lov* koji pitomim glasom violina podseća na lovačko klicanje, tu transpoziciju divljačkog obreda u čisto misaono uživanje. Razmišljam o tome, ponavljam, pevušim u pameti, i u isto vreme osećam kako se melodija i crtež krošnje drveta naspram neba zbližavaju, sprijateljuju, opipavaju jedno drugo sve dok se crtež odjednom ne sklopi u vidljivo prisustvo melodije, u ritam koji izbija iz niske grane, skoro kod moje glave, penje se do određene visine i otvara se kao lepeza sastavljena od pločica, dok je druga violina ona tanja grana koja staje naporedo kako bi pomešala svoje lišće u jednoj tački smeštenoj s desne strane, ka kraju fraze, i kako bi je pustila da se završi da bi se oko spustilo niz deblo i da bi moglo, ako želi, da ponovi melodiju. A sve je to i naša pobuna, to je ono što mi radimo iako Mocart i drvo to ne mogu znati, i mi smo na svoj način želeli da transponujemo jedan nespretni rat u jedan poredak koji će mu dati smisao, opravdati ga i konačno dovesti do pobede što će biti kao preuspostavljanje melodije posle toliko godina promuklih lovačkih rogova, neka ovaj završni alegro koji sledi za adađom bude kao susret sa svetlošću. Koliko bi se Luis zabavljao kada bi znao da ga u ovom trenutku poredim sa Mocartom, da ga vidim kako malo pomalo dovodi u red sve to bezumlje, uzdiže ga do prevashodnog razloga koji svojom očiglednošću i svojom prekomernošću poništava sve oprezne privremene razloge. Ali kako je gorak, kako ogroman posao biti muzičar koji svira na ljudima, iznad blata i mitraljeza i obeshrabrenosti plesti pesmu za koju smo verovali da je nemoguća, pesmu koja će se sprijateljiti sa krošnjom drveta, sa zemljom koja se vratila svojoj deci. Da, to je groznica. Kako bi se Luis smejao, mada i on voli Mocarta, znam to.

I tako ću na kraju zaspati, ali prethodno ću stići da se upitam da li ćemo jednoga dana umeti da pređemo iz stava u kojem još uvek odjekuje poklič lovca u osvojenu punoću adađa a otuda u završni alegro koji pevušim jedva čujnim glasom, da li ćemo biti kadri da se pomirimo sa svime onime što je ostalo živo naspram nas. Morali bismo biti kao Luis, ne samo da ga sledimo, nego i da budemo kao on, da neopozivo ostavimo za sobom mržnju i osvetu, da gledamo neprijatelja onako kako ga gleda Luis, sa neumoljivom velikodušnošću koja je toliko puta dozvala u moje sećanje (ali kako da to bilo kome kažem?) sliku pantokratora, sudije koji počinje tako što je najpre i optuženi i svedok i ne sudi, nego naprosto odvaja zemlju od vode kako bi jednom napokon bila rođena otadžbina ljudi, u svitanje, kroz potres, na obalama jednog čistijeg vremena.

Ali nije to adađo, ako su se s prvim zracima svetlosti ustremili na nas sa svih strana pa smo morali da odustanemo od toga da idemo dalje na istok, i da se zavučemo u oblast koja nam je bila slabo poznata, trošeći poslednju municiju dok se Poručnik sa jednim drugom utvrđivao na padini i odande im neko vreme mrsio konce, dajući vremena Robertu i meni da odnesemo Tintija ranjenog u butinu i da potražimo drugu zaštićeniju uzvišicu odakle bismo mogli pružati otpor dok se ne smrkne. Oni noću nikad nisu napadali, iako su imali baklje i baterijske lampe, kao da ih je podilazio neki strah i kao da su se osećali manje zaštićeni svojom brojnošću i prevelikom nadmoći u oružju; ali mraka nije bilo skoro po čitav dan, a nas je bilo samo petorica protiv tih tako hrabrih momaka koji su nas proganjali da bi se dodvorili onom pavijanu, a avione koji su svaki čas pikirali na proplanke i uništavali gomile palmi svojim rafalima da i ne računamo.

Pola sata kasnije Poručnik je prekinuo paljbu i uspeo da se sastane sa nama; jedva da smo bili nešto odmakli. Pošto niko nije ni pomišljao da ostavi Tintija jer smo isuviše dobro znali sudbinu zarobljenika, pomislili smo da ćemo tu, na toj padini i u tom žbunju, ispaliti poslednje šaržere. Bilo je zabavno kad smo otkrili kako redovna vojska, naprotiv, napada jednu padinu mnogo istočnije, zavarana greškom avijacije, pa smo odmah krenuli uzbrdo jednom paklenom stazom, sve dok za dva sata nismo stigli na neku skoro golu padinu, gde je jedan drug imao oko da otkrije pećinu zaklonjenu travom pa smo stali, dahćući, pošto smo prethodno sračunali mogućnosti za povlačenje pravo na sever, sa stene na stenu, opasno povlačenje, ali na sever, ka Sjeri gde je Luis već verovatno stigao.

Dok sam ja brinuo o onesvešćenom Tintiju, Poručnik mi reče da je malo pre napada vojske u svitanje čuo vatru iz automatskog oružja i pištolja u pravcu zapada. Mogao je to biti Pablo sa svojim momcima, ili možda i glavom Luis. S razlogom smo bili ubeđeni da smo svi mi preživeli podeljeni u tri grupe, i možda ona Pablova nije tako daleko. Poručnik me upita zar ne vredi pokušati da pošaljemo vezu kad se smrkne.

– Ako me to pitaš, znači, nudiš se da ideš – rekoh mu. Položili smo Tintija na ležaj od suve trave, u najsvežijem delu pećine, i pušili smo odmarajući se. Dva druga su napolju čuvala stražu.

– Zamisli – reče Poručnik, gledajući me šeretski. – Mene takve šetnje oduševljavaju, dečko.

Ostali smo tako neko vreme, šaleći se sa Tintijem koji je počeo da bunca, a kad je Poručnik hteo da krene, ušao je Roberto sa jednim brđaninom i čerekom pečenog jareta. Nismo mogli da verujemo, jeli smo kao da jedemo priviđenje, čak je i Tinti grickao jedno parče koje je dva sata kasnije ispustio zajedno sa dušom. Brđanin nam je doneo vest o Luisovoj smrti; nismo prestali da jedemo zbog toga, ali bilo je previše soli za tako malo mesa, on to nije video mada je njegov stariji sin, koji nam se takođe pridružio sa nekom starom lovačkom puškom, bio u grupi koja je pomogla Luisu i petorici drugova da pregaze reku pod mitraljeskom paljbom i sa sigurnošću tvrdio da je Luis ranjen skoro čim je izašao iz vode, pre nego što je uspeo da stigne do prvog šipražja. Seljaci su se verali po brdima koja su poznavali kao niko na svetu, a sa njima i dva čoveka iz Luisove grupe, stići će tokom noći sa preostalim oružjem i nešto voznog parka.

Poručnik je zapalio još jednu cigaru i izašao da organizuje logor i da se bolje upozna sa novajlijama; ja sam ostao pored Tintija koji se polako gasio, skoro bez bolova. Znači Luis je mrtav, jarence je prste da poližeš, ove noći biće nas devetorica ili desetorica i imaćemo municije da nastavimo da se borimo. To su ti vesti. Beše to neka vrsta hladnog ludila, koje je s jedne strane ojačalo sadašnjost u ljudstvu i u hrani, no samo zato da bi jednim potezom zbrisalo budućnost, pa i sam razlog za to bezumlje čiji vrhunac je bila ova vest i ovaj ukus pečenog jareta. U mraku pećine, trudeći se da mi cigara što duže potraje, osetih da u tom trenutku ne mogu sebi da dozvolim luksuz da prihvatim Luisovu smrt, da mogu da je primim samo kao još jedan podatak u okviru borbenog plana, jer ako je i Pablo poginuo, vođa sam ja, prema Luisovoj volji, a to su znali i Poručnik i svi drugovi, te sam samo mogao preuzeti vođstvo i stići u Sjeru i produžiti kao da se ništa nije desilo. Mislim da sam zatvorio oči, sećanje na moju viziju bilo je opet sama ta vizija, i na trenutak mi se učinilo da se Luis odvaja od svog lica i pruža mi ga, ali ja sam zaklonio svoje lice obema rukama i rekao: „Ne, ne, molim te nemoj,

Luis", a kada sam otvorio oči Poručnik se bio vratio i posmatrao je Tintija koji je dahtao, i čuo sam kako kaže da su nam se upravo pridružila još dva momka iz planina, sve dobre vesti jedna za drugom, vozila i pečeni sladak krompir, kutija sa lekovima za prvu pomoć, vojnici zalutali u brdima na istoku, sjajan izvor vode na pedeset metara. Ali nije me gledao u oči, žvakao je cigaru i kao da je čekao da ja nešto kažem, da ja budem prvi koji će ponovo pomenuti Luisa.

Zatim kao nekakva zbrkana praznina, krv je napustila Tintija a on nas, seljaci se ponudiše da ga sahrane, ja ostadoh u pećini da se odmorim iako je zaudaralo na povraćanje i na hladan znoj, i začudo sam pomislio na svog najboljeg prijatelja iz drugih vremena, pre ovog prekida u mom životu koji me je otrgao od moje zemlje da bi me bacio hiljadama kilometara daleko, gde je bio Luis i iskrcavanje na ostrvo i ova pećina. Proračunavši razliku u vremenu zamislio sam kako u tom trenutku, u sredu, on verovatno stiže u svoju ordinaciju, kači šešir na čiviluk, pregleda poštu. Nije to bilo priviđenje, bilo je dovoljno da pomislim na one godine kada smo živeli tako blizu jedan drugog u gradu, delili politička ubeđenja, žene i knjige, svakodnevno se sretali u bolnici; svaki njegov pokret bio mi je tako poznat, svaki taj pokret nije bio samo njegov, nego je obuhvatao i čitav moj tadašnji svet, mene samog, moju ženu, moga oca, obuhvatao je moje novine sa svojim naduvanim uvodnicima, moju kafu u podne sa dežurnim lekarima, moju lektiru i moje filmove i moje ideale. Upitah se šta li misli moj prijatelj o svemu ovome, o Luisu ili o meni, i kao da videh kako se odgovor ocrtava na njegovom licu (ali je to onda groznica, trebalo bi uzeti kinin) licu priljubljenom uz samo sebe, premazanom dobrim životom i dobrim izdanjima knjiga i efikasnošću cenjenog hirurškog noža. Nije bilo potrebe čak ni da otvori usta da mi kaže ja mislim da ta tvoja revolucija nije ništa drugo nego... Nije bilo nikakve potrebe, tako je moralo biti, taj svet nije mogao da prihvati promenu koja bi razotkrila stvarne razloge njihovog plitkog milosrđa u skladu sa utvrđenim rasporedom, njihove uređene i ravnomerno podeljene samilosti, njihove dobrodušnosti među jednakima, njihovog salonskog antirasizma, ali kako to da se curica uda za mulata, bre, njihovog katoličanstva sa godišnjim dividendama i praznicima na trgovima ukrašenim zastavama, njihove jeftine literature, njihove folklornosti u numerisanim primercima i mateom iz srebrom optočene posude, njihovih sastanaka sa pokornim službenicima, njihove glupe agonije, neizbežne na kraći ili duži rok (kinin, kinin, i ponovo astma). Siroti prijatelj, bilo mi ga je žao dok sam ga zamišljao kako kao idiot brani upravo one lažne vrednosti koje će ga uništiti, njega ili u najboljem slučaju njegovu decu; kako brani feudalno pravo na neograničenu svojinu i bogatstvo, on koji ima samo svoju ordinaciju i lepo uređenu kuću, brani načela Crkve kad je buržoaski katolicizam njegove žene poslužio samo tome da ga primora da traži ljubavnice, brani navodnu individualnu slobodu kada policija zatvara univerzitete i cenzuriše štampu, i sve to iz straha, zbog užasavanja od promene, zbog skepticizma i nepoverenja koji su jedini živi bogovi u njegovoj sirotoj izgubljenoj zemlji. O tome sam mislio kad je utrčao Poručnik i povikao da je Luis živ, da su upravo uspostavili vezu sa severom, da je Luis živ da življi ne može biti, da je stigao do vrha Sjere sa pedeset seljaka i sa svim oružjem koje su oteli jednom bataljonu redovne vojske odsečenom u nekoj dolji, grlili smo se kao ludaci i govorili one stvari koje posle, zadugo, izazivaju bes i stid i daju nekakav smisao, jer ta stvar, i pečeno jare, i napredovanje, bilo je jedino što ima smisla, jedino što se računa i raste sve dok se ne usudimo da pogledamo jedan drugoga u oči i zapalimo cigare istim ugarkom, pažljivo zagledani u žar dok brišemo suze koje nam je izmamio dim u skladu sa svojim poznatim lakrimogenim svojstvima.

43

Nema više mnogo šta da se priča, u svitanje je jedan od naših brđana odveo Poručnika i Roberta do mesta gde je bio Paolo sa tri druga, Poručnik je Pabla doneo na rukama jer su mu se stopala urnisala u močvari. Već nas je bilo dvadeset, sećam se kako me je Pablo grlio onako brzo i odsečno, i govorio mi ne vadeći cigaru iz usta: „Ako je Luis živ, još možemo pobediti", i ja sam mu previo stopala, divota jedna, momci su ga začikavali jer je izgledao kao da je tek obuo bele cipele i govorili mu da će ga brat izgrditi što se tako odjednom progospodio. „Nek me izgrdi", šalio se Pablo pušeći kao lud, „da bi nekoga izgrdio, moraš biti živ, druže, a već si čuo da je živ živcat, življi nego krokodil, idemo gore smesta, gledaj kakve si mi zavoje stavio, kakva raskoš..." Ali to nije moglo da potraje, sa suncem je stiglo i olovo, odozgo i odozdo, tu mi je jedan metak zakačio uvo, da je samo dva santimetra bio precizniji, ti, sine, koji možda čitaš sve ovo, nikad ne bi saznao šta je tvoj stari preživeo. Uz krvarenje i bol i strah stvari su za mene postale stereoskopske, svaka slika oštra i reljefna, u bojama koje su morale biti moja želja da živim, uostalom, ništa mi nije bilo, dobro pritegnuta marama i samo napred; ali za nama su ostali brđani, i Pablov pomoćnik sa licem pretvorenim u kašu metkom kalibra četrdeset pet. U takvim trenucima ima gluposti koje zapamtiš zauvek; sećam se jednog debeljka, mislim da je takođe bio iz Pablove grupe, koji je u najžešćem okršaju hteo da se sakrije iza neke trstike, okretao se postrance, klečao iza trske, a naročito se sećam onoga što je počeo da viče da se treba predati, i glasa koji mu je odgovorio između dva rafala iz tompsona, Poručnikovog glasa, rike koja je nadjačala pucnjavu, onog: „Ovde se niko ne predaje, do mojega!", sve dok mi najsitniji među brđanima, tako ćutljiv i stidljiv do tog trenutka, nije skrenuo pažnju da ima jedan puteljak na sto metara odatle, skreće naviše i ulevo, i ja to doviknuh Poručniku i pođoh prvi a brđani za mnom, pucajući kao sam đavo, sred svog vatrenog krštenja, uživajući u tome jer je bilo pravo zadovoljstvo gledati ih, i na kraju smo se polako okupili pod drvetom seibe odakle je počinjala staza, jedan seljačić se uzverao a mi za njim, ja sa astmom od koje nisam mogao da hodam, po vratu mi je bilo više krvi nego u preklanog krmka ali bilo je sigurno da ćemo i tog dana umaknuti, i ne znam zašto, ali bilo je očigledno kao što su dva i dva četiri da ćemo se te iste noći sresti sa Luisom.

Čovek nikad sebi ne može da objasni kako je za sobom ostavio svoje progonitelje, paljba se polako stišava, čuju se dobro znane psovke i „kukavice, bežite umesto da se borite", zatim odjednom tišina, drveće opet postaje nešto živo i prijateljsko, neravnine na terenu, ranjenici o kojima se treba brinuti, čuturica za vodu sa malo ruma koja ide od usta do usta, uzdisanje, poneki jauk, odmor i cigara, idemo dalje, stalno se veremo mada mi srce bije u ušima, i Pablo mi kaže, čuj, napravio si mi zavoje broj četrdeset dva, a ja nosim četrdeset tri, burazeru, i smeh, do vrha strmine, mali salaš gde neki seljak ima nešto kaše od tapioke sa umakom i jako hladnu vodu, i Roberto onako uporan i savestan vadi svoja četiri pezosa da plati trošak pa svi, a seljak prvi, prasnu u smeh i cerekaju se dok se ne okilave, podne prosto mami da se malo dremne ali smo od toga morali odustati onako kao što bismo neku divnu devojku pustili da ode ali bismo joj gledali u noge do poslednjeg trenutka.

Kad je pao mrak staza je postala jako strma i naporna ali smo se oblizivali misleći na položaj koji je izabrao Luis da nas sačeka, tamo se ni jelen ne bi mogao popeti. „Bićemo kao u crkvi", govorio je Pablo pored mene, „imamo čak i harmonijum", i gledao me podrugljivo kako dahćem nekakvu koračnicu koja je samo njemu izgledala zabavno. Ne sećam se baš dobro tih sati, padao je mrak kad smo stigli do poslednjeg stražarskog mesta i prošli jedan za drugim, javljajući se i odgovarajući umesto brđana, sve dok na kraju nismo izašli na čistinu prošaranu drvećem gde je Luis bio naslonjen na jedno

45

stablo, naravno sa svojom kapom sa beskrajno velikim vizirom, i sa cigaretom u ustima. Hteo sam da presvisnem što sam morao da zaostanem, da pustim Pabla da potrči i zagrli se sa svojim bratom, a onda sam sačekao da Poručnik i ostali takođe odu i zagrle ga pa sam spustio kutiju sa prvom pomoći i springfildovku na zemlju i sa rukama u džepovima prišao mu i zagledao se u njega, znajući šta će mi reći, svoju večitu šalu:

– Samo ti te naočari fale – reče Luis.

– A tebi taj cviker – odgovorih mu, i počesmo da se previjamo od smeha, i od njegove vilice priljubljene uz moje lice zabolela me je rana od metka kao sam đavo, ali to je bio bol za koji sam želeo da potraje još duže i od samog života.

– Znači stigao si, bre – reče Luis.

Naravno, govorio je to „bre" vrlo izveštačeno.

– A šta si ti mislio? – odgovorih mu, isto tako izveštačeno. I ponovo smo se grčili od smeha kao idioti, i pola ljudi se smejalo a da nisu ni znali zašto. Doneli su vodu i vesti, okružili smo Luisa i zagledali se u njega, i tek tada smo primetili koliko je oslabio i kako mu sijaju oči iza onih prokletih cvikera.

Dole su se ponovo tukli, ali je logor trenutno bio zaštićen. Mogli smo da previjemo ranjenike, da se okupamo u izvoru, da spavamo, naročito da spavamo, čak i Pablo, koji je toliko želeo da razgovara sa svojim bratom. Ali pošto je astma moja ljubavnica koja me je naučila kako da iskoristim noć, ostao sam sa Luisom naslonjen na deblo, pušeći i gledajući oblike listova naspram neba, s vremena na vreme smo jedan drugome pričali šta nam se dešavalo od iskrcavanja, ali naročito smo pričali o budućnosti, o onome što će početi kada dođe dan kada ćemo sa puške morati da pređemo u kancelarije sa telefonima, iz planine u grad, i ja se setih lovačkog roga i zamalo da kažem Luisu šta sam razmišljao one noći, tek da ga nasmejem. Na kraju mu ništa nisam rekao, ali osetio sam da ulazimo u adađo tog kvarteta, u neku krhku punoću od svega nekoliko časova koja je ipak bila izvesnost, znak koji nećemo zaboraviti. Koliko li je još lovačkih rogova čekalo, koliko li će nas ostaviti kosti kao Roke, kao Tinti, kao Peruanac. Ali bilo je dovoljno pogledati drvo da bi se osetilo kako volja ponovo uređuje taj haos, kako mu nameće oblik adađa koji će jednoga dana ući u završni alegro, dopreti u jednu stvarnost dostojnu tog imena. I dok me je Luis upućivao u vesti iz sveta i u to šta se dešava u prestonici i po provinciji, ja sam gledao kako se lišće i granje malo pomalo povija u skladu sa mojom željom, postaje moja melodija, melodija Luisa koji i dalje priča ne znajući za moje fantazije, i posle videh kako se jedna zvezda upisuje u središte mog crteža, bila je to mala i jako plava zvezda, i mada ne znam ništa o astronomiji i ne bih mogao reći da li je to zvezda ili planeta, ipak sam bio ubeđen da to nije ni Mars ni Merkur, previše je blistala usred adađa, previše usred Luisovih reči, da bi neko mogao tek tako da je pomeša sa Marsom ili Merkurom.

PRIJATELJI

U toj igri sve je moralo da ide brzo. Kada je Broj Jedan odlučio da se mora likvidirati Romero i da će se Broj Tri postarati za taj posao, Beltran je primio obaveštenje svega nekoliko minuta kasnije. Smireno, ali ne gubeći ni trenutka, izašao je iz kafea na uglu ulica Korijentes i Libertad i seo u taksi. Dok se kupao u svom stanu, slušajući vesti, setio se da je poslednji put video Romera u San Isidru, jednog dana kad ga na trkama nije htela sreća. U to vreme Romero je bio tamo neki Romero, a on je bio tamo neki Beltran; dobri prijatelji pre nego što ih je život odvukao na različite strane. Osmehnuo se skoro bezvoljno, misleći na to kakav će izraz lica napraviti Romero kad ga ponovo sretne, no Romerovo lice nije bilo ni od kakve važnosti ali je zato trebalo pažljivo razmisliti o pitanjima kafea i auta. Bilo je čudno što je Broju Jedan palo na pamet da naredi da ubiju Romera u kafeu na uglu ulica Koćabamba i Pjedras, i to baš u to vreme; možda je, ako je verovati nekim informacijama, Broj Jedan već malo ostario. U svakom slučaju, nespretnost naređenja pružala mu je izvesnu prednost: mogao je da izveze auto iz garaže, da ga parkira sa upaljenim motorom kod ulaza iz ulice Koćabamba i da ostane da čeka kad će Romero kao i uvek doći da se nađe s prijateljima oko sedam uveče. Ako sve ispadne dobro, sprečiće Romera da uđe u kafe, i to u istom trenutku kada oni u kafeu budu videli ili naslutili šta će on uraditi. Bila je to stvar sreće i proračuna, običan pokret (koji će Romero svakako videti, jer je prava lasica), spretno uključivanje u saobraćaj i oštro skretanje iza ugla pod punim gasom. Ako obojica urade svoje kako treba – a Beltran je u Romera bio siguran kao u samog sebe – sve će se svršiti za tili čas. Ponovo se nasmešio pomislivši na izraz lica Broja Jedan kada ga kasnije, mnogo kasnije, bude pozvao iz neke telefonske govornice da ga izvesti o tome šta se desilo.

Polako se oblačeći, dokusurio je paklicu cigareta i na trenutak se pogledao u ogledalo. Zatim je izvadio drugo paklo iz fioke, i pre nego što je pogasio svetla proverio je da li je sve u redu. Španci iz garaže održavali su mu ford cakum-pakum. Spustio se ulicom Kaćabuko, polako, i u deset do sedam se zaustavio na nekoliko metara od vrata kafea, pošto je prethodno obišao dva kruga oko bloka čekajući da mu neki kamion koji je istovarivao robu oslobodi mesto. Tamo gde se nalazio oni iz kafea nikako ga nisu mogli videti. S vremena na vreme nagazio bi malo gas kako bi zagrejao motor; nije hteo da puši, ali je osećao kako su mu usta suva i to ga je ljutilo.

U pet do sedam video je kako Romero dolazi pločnikom na suprotnoj strani; odmah ga je prepoznao po sivom šeširu širokog oboda i kariranom sakou. Bacivši pogled na izlog kafea, sračunao je koliko će mu vremena biti potrebno da pređe ulicu i stigne donde. Ali Romeru se ništa nije moglo desiti tako daleko od kafea, bolje će biti da ga pusti da pređe ulicu i popne se na ovaj pločnik. Baš u tom trenutku, Beltran je pokrenuo kola i izbacio ruku kroz prozor. Kao što je i predvideo, Romero ga je video i iznenađeno zastao.

Prvi metak pogodio ga je među oči, zatim je Beltran pucao u telesinu koja je padala. Ford je krenuo ukoso, s lakoćom obišao jedan tramvaj i skrenuo u ulicu Takuari. Vozeći bez žurbe, Broj Tri pomisli kako je poslednje što je Romero video bio tamo neki Beltran, nekadašnji poznanik sa hipodroma.

POKRETAČ

Nećete mi verovati, to vam je ko na filmu, stvari su onakve kakve te snađu i ti moraš da ih prihvatiš, ako ti se ne sviđa, izađi, al' pare ti niko neće vratiti. Očas posla prođe dvadeset godina i onda to ti je što ti je, pa ću ja ovo da ispričam, a ko misli da mlatim praznu slamu, nek' ide malo u peršun.

Montesa su ubili jedne avgustovske noći u sumnjivom kraju grada. Možda je tačno da je Montes nekome oteo žensku, a da mu je ovaj to naplatio s kamatom. Ja samo znam da su Montesa ubili s leđa, jednim metkom u glavu, a to se ne prašta. Montes i ja smo bili nerazdvojni, stalno smo zajedno sedeli u kockarnici i u kafani kod Crnca Padilje, ali vi se sigurno ne sećate Crnca. I njega su ubili, ako hoćete, jednog dana ću vam ispričati.

Stvar je u tome što, kad su meni javili, Montes je već bio odapeo i ja sam jedva stigao da vidim kako se njegova sestra hvata za njega i kako počinje da nariče. Samo sam na trenutak pogledao Montesa koji je imao otvorene oči, i zakleo sam mu se da se onaj drugi neće izvući. Te noći razgovarao sam sa Barosom i tu će vam se učiniti da vas zamlaćujem ovom pričom. Stvar je u tome što je Baros prvi stigao kad se čuo pucanj, i zatekao je Montesa na izdisaju. Baros, brz kao munja, učinio je sve što se moglo i što se nije moglo da bi mu ovaj rekao ko je to učinio. Montes je želeo da govori, ali mora da nije nimalo laka stvar imati parče olova u glavi, tako da Baros nije mogao da izvuče bogzna šta. U svakom slučaju,

Montes je uspeo da mu kaže – paz'te šta vam je bunilo samrtnika – nešto kao „onaj s plavom rukom", i posle je izgovorio još jednu reč, valjda „tetovaža", i odatle smo zaključili da je momak bio mornar, i hvala mu lepo. Zamislite, tako lako je mogao da kaže Lopes ili Fernandes, al' kad se ima metak u glavi, čik da vidim bilo koga od vas. Možda Montes nije znao kako se onaj drugi zove, tetovaža i može da se vidi al' ime treba da saznaš, a dešava se i da ono bude lažno.

Sad ćete vi da se smejete kad vam kažem da smo osam dana kasnije Baros i ja pronašli tog tipa, dok je najbolja policija na svetu i dalje uzalud pročešljavala i luku i sve ostalo. Mi smo imali i neka obaveštenja sa strane, detaljima vas neću zamarati. Ali nije to ono čemu ćete se smejati, smejaćete se tome što naš doušnik nije mogao da nam kaže iz koje je bande taj tip, ali nas je upozorio da taj beži nekim francuskim brodom i da tamo nije mornar, putnik je, zamislite vi kakav luksuz. Otud smo zaključili da se momak povukao iz posla, al' je iskoristio to što poznaje svet da nestane u vidu lastinog repa. Jedino smo znali da putuje trećom klasom i da je Argentinac. Ne treba da vas to čudi, neki Amer ne bi izašao na kraj s Montesom, ali najčudnije u svemu tome je što doušnik nije mogao da dođe do prezimena tog momka. Tačnije, doznao je neko prezime kojeg posle nije bilo među putnicima. Ljudi se ponekad uplaše, bre, možda je tip koji je za trideset nacionala dostavio podatke našem doušniku izmislio prezime da se unapred obezbedi. Ili ko zna da nije momak možda u poslednjem trenutku nabavio druge papire. U svakom slučaju, sad se film nastavlja, jer smo ja i Baros cele noći pričali, a ujutro sam se ispostavio u Odelenju i zatražio papire. U to vreme nije bilo tako teško doći do pasoša. Dobro, da skratim, u komitetu su mi sredili za put, i jedne večeri u deset sati ovaj ovde koga vidite ukrcao se na brod za Marsej, a to vam je žabarsko pristanište. Već vidim kakav izraz lica pravite, ali samo strpljivo. Ako

51

hoćete, prekinuću. Dobro, onda razvezi priču, al' paz'te dobro, čitate pravog grofa od Monte krista. Već sam vas na početku upozorio da se takve stvari ne dešavaju svima, na stranu to što su ono bila druga vremena.

Na brodu koji je plovio skoro prazan meni samom dali su kabinu sa četiri kreveta, zamislite kakva raskoš. Mogao sam lepo da složim odeću, i još onoliko mesta da mi ostane. Jeste li vi putovali u Evropu, momci? Šalim se samo. Gledaj, to ti je ovako: kabine vode u hodnik, a hodnikom se stiže u mali kafe koji se nalazi na jednom kraju; s druge strane se popneš uz neke stepenice pa izađeš na prednju stranu broda. Prvu noć sam proveo na palubi, gledao kako Buenos Ajres polako nestaje. Ali sledećeg dana sam počeo da njuškam naokolo. U Montevideu niko nije sišao, brod čak nije ni pristajao. Kad smo isplovili na otvoreno more, tako je počelo da me zavija u stomaku da vam to nikad ne bih poželeo. Stvar nije trebalo da bude teška jer se u kafeu sve odmah sazna, i pokazalo se da je od dvadesetak putnika treće klase bilo nekih petnaest sukanja, a sve ostalo su bili Španci i Talijanci. Bilo je samo tri Argentinca, ako ne računam sebe, očas posla smo se nas četvorica bacili na karte i pivo.

Od one trojice jedan je već bio star, mada bi i najprevejanijeg mogao da ispreskače. Ostala dvojica su imala po tridesetak godina, kao i ja. Odmah sam se sprijateljio sa Pereirom, ali Lamas je bio rezervisaniji i izgledao je nekako tužan. Ja sam naćulio uši da vidim koji od njih trojice govori mornarskim žargonom, i ubacivao s vremena na vreme opaske o brodu da vidim da li će se neki upecati. Ubrzo sam shvatio da sam krenuo pogrešnim putem, i da je onaj koji me zanima krio svoje znanje kao zmija noge. Pričali su svakojake gluposti o brodu, tako da sam čak i ja to shvatao. A uz sve to, bilo je đavolski hladno, pa niko nije skidao ni sako ni džemper.

Već su mi sva trojica rekli da idu u Marsej, tako da sam u Brazilu posebno obratio pažnju, ali stvarno su išli, nijedan nije otperjao. Kad je počela vrućina, nosio sam majicu ne bi' li im poslužio za primer, ali oni su ostali u košuljama i zavrtali rukave samo do lakata. Stari Fero se smejao kad bi me video kako se nabacujem kelnerici, i čestitao mi na onolikim madracima koje imam u kabini. I Pereira je umeo štošta da dobaci, pa je Petrona, živahna Španjolkica, morala sa obojicom da se nosi. A da i ne pričamo o tome kako se brod ljuljao, i kakve pomije su nam davali za jelo.

Kad mi se učinilo da se Pereira dobro spetljao sa Petronom, preduzeo sam mere. Čim sam naleteo na nju u hodniku rekao sam joj kako u moju kabinu ulazi voda. Poverovala mi je pa sam zaključao vrata za njom čim je ušla unutra. Čim sam pružio ruku prilepila mi je šamar, ali kroz smeh. Posle je bila pitoma kao ovčica. Zamislite, a toliki kreveti, što rek'o Fero. U stvari te noći nismo bogza šta uradili, ali sledećeg dana sam se istinski potvrdio, a mala Španjolka je stvarno bila vredna truda. Jašta.

Usput sam to rekao Lamasu i Pereiri, ali u početku nisu hteli da mi poveruju ili su se pravili kao da se čude. Lamas je ćutao kao i uvek, ali Pereira je bio zagrejan i video sam šta smera. Ja sam se pravio lud, i on ništa nije izvukao iz mene. Te noći Petrona nije došla u moju kabinu, video sam već ja njih kako ćućore tamo pored kupatila. Začudiće vas što me je Španjolkica tako brzo šutnula, pa je bolje sve da vam kažem. Uz jednog zelembaća i obećanje da će dobiti još ako dođe do neophodnih obaveštenja, Petrona se odmah dala na posao. Kao što možete i pretpostaviti, nisam joj rekao zašto hoću da znam da li Pereira ima neki znak na ruci; pomenuo sam joj nekakvu opkladu, tako neku budalaštinu. Smejali smo se kao ludi.

Sledećeg jutra dugo sam ćaskao sa Lamasom, sedeli smo na gomili smotanih konopaca koji su se nalazili napred na brodu. Rekao mi je da ide u Francusku da bi radio kao službenik u ambasadi, ili tako nešto. Bio je ćutljiv tip, nekako tužan, ali je sa mnom bio prilično otvoren. Ja sam tražio njegov pogled, i odjednom bi mi kroz glavu proletele slike mrtvog Montesa, krika njegove sestre, bdenja kad su ga vratili sa autopsije. Poželeo sam da priteram Lamasa uza zid i da ga otvoreno pitam, stari, ti li si bio taj. Al' šta bih time dobio, tako bih sve upropastio. Bolje da sačekam da Petrona svrati u moju kabinu.

Oko pet sati mi je zakucala na vrata. Umirala je od smeha i odmah mi rekla da Pereira nema ništa na rukama. „Imala sam više nego dovoljno vremena da ga zagledam sa svih strana", rekla je, i smejala se kao luda. Ja sam pomislio na Lamasa, koji mi je bio najsimpatičniji, i shvatio koliko je čovek nesrećan kad pušta da ga neke stvari tako ponesu. Ma gde simpatičan, kakvi bakrači. Ako Fero i Pereira ne dolaze u obzir, nema više šta da se razmišlja. Od čistog besa sam povalio Petronu na licu mesta, ona nije htela, pa sam je prodrmusao, da poteram malkice to svlačenje. Nisam je puštao sve do večere, da je ne kompromitujem pred ljudima sa broda koji su je sigurno već tražili. Dogovorili smo se da dođe sledećeg dana popodne, i ja sam otišao na večeru. Nas četvoricu Kreolaca stavili su za isti sto, daleko od Španaca i Talijana, i naspram mene je sedeo Lamas. Ne znate koliko mi je bilo teško da ga gledam prirodno, dok sam mislio na Montesa. Sad me već nije čudilo što je savladao Montesa, svakoga je taj mogao da smota, s tim svojim usredsređenim izrazom lica koji je ulivao poverenje. Pereiru više nisam uzimao u obzir, ali mi je na kraju privuklo pažnju to što uopšte nije pominjao Petronu, on koji je ranije stalno najavljivao kako će Španjolkicu da odvuče u krevet. Palo mi je na um kako mi ni ona nije previše pričala o tom momku, osim što mi je rekla ono najvažnije. Za svaki slučaj sam ostao na oprezu i ostavio pritvorena vrata, i negde oko ponoći sam je video kako se uvlači u Pereirinu kabinu. Legao sam i zamislio se.

Sledećeg dana Petrona nije došla. Presreo sam je u jednom kupatilu i upitao je šta se dešava. Rekla je, ništa, ima mnogo posla.

– Sinoć si opet bila kod Pereire? – upitao sam je iznebuha.

– Ja? Zašto? Ne, nisam bila – slagala je.

Kad ti neko otme žensku, to nije smešno, ali ako si još odozgo za to ti sam kriv, shvatićete da mi tu ništa nije bilo smešno. Kad sam je pritisnuo da dođe kod mene te iste večeri, rasplakala se i rekla da je brodski narednik ili nadzornik drži na oku i da sluti šta se desilo, da ona ne želi da izgubi posao, i pričam ti priču. Mislim da sam u tom trenutku shvatio, pa sam se zamislio. Španjolka mi nije bila mnogo važna, mada mi je od samoljublja proključala krv. Ali bilo je drugih, ozbiljnijih stvari, pa sam imao celu noć da o tome razmišljam. Ta noć mi je poslužila i da vidim Petronu kako se ponovo uvlači u Pereirinu kabinu.

Sledećeg dana sam se nekako snašao da ponovo popričam sa starim Ferom. Već duže vreme nisam u njega sumnjao, ali sam hteo da budem siguran. Ponovio mi je sve pojedinosti o tome kako ide u Francusku da poseti ćerku koja se udala za nekog Žabara s kojim ima gomilu dece. Stari je hteo da vidi unučiće pre nego što odapne, i novčanik mu je bio pun porodičnih fotografija. Pereira se pojavio kasno, pospanog lica. Takođe... Lamas je imao svoj metod za učenje francuskog. Kakvo društvo, brale.

Tako su stvari išle sve do uoči dolaska u Marsej. Osim što sam je presreo jednom-dvaput u hodnicima, nisam uspeo da nagovorim Petronu da opet dođe u moju kabinu. Već je zaboravila na pare koje sam joj obećao, a to sam joj svaki put spominjao. Pošto je pravila izraz gađenja kad bih joj pomenuo pare koje joj dugujem, bio sam ubeđen da sam u pravu i sve mi je postalo sasvim jasno. Noć pre nego što smo stigli zatekao sam je kako uživa u svežini na palubi. Pereira je bio pored nje i napravio se nevešt kad me je video kako dolazim. Ja sam sačekao priliku i kad smo polazili na spavanje preprečio sam put Španjolkici koja je bila u velikoj žurbi.

– Nećeš da dođeš? – pitao sam je, pomilovavši je po bokovima.

Uzmakla je kao da je videla đavola, ali se posle pretvarala.

– Ne mogu – rekla je. – Već sam ti objasnila da paze na mene.

Poželeo sam da joj razbijem njušku, da ne umišlja da sam ja sisao vesla, al' sam se uzdržao. Nije više bilo vremena za budalaštine.

– Kaži mi – upitah je – da li si sasvim sigurna u ono što si mi rekla za Pereiru? Slušaj, važno je, a možda nisi dobro gledala.

U očima sam joj video želju da se nasmeje, pomešanu sa strahom.

– Ma jesam, već sam ti rekla da nema ništa. Šta hoćeš, da idem opet kod njega da se uverim?

I smeškala se, kučka jedna, ubeđena da sam ja pao s marsa. Udario sam joj ćušku i vratio se u kabinu. Sad više nisam hteo da proveravam da li Petrona odlazi kod Pereire.

Izjutra mi je kofer već bio spreman, a ono što mi je bilo potrebno bilo je u zamotuljku. Žabar koji je radio u kafeu malo je natucao španski i objasnio mi je da se po dolasku u Marsej policija penje na brod i pregleda dokumenta. Tek posle toga daju dozvolu za iskrcavanje. Svi smo stali u red, i jedan po jedan smo pokazivali svoje papire. Ja sam propustio ispred sebe Pereiru, i kad smo se našli s one strane, uhvatio sam ga za ruku i pozvao ga da se oprostimo u mojoj kabini uz gutljaj rakije. Pošto je već probao i dopala mu se, odmah je došao. Navukao sam rezu na vrata i zagledao se u njega.

– A rakija? – rekao je on, ali kad je video šta držim u ruci prebledeo je i ustuknuo. – Ne budi životinja... Zbog takve žene... – uspeo je da mi kaže.

Kabina je bila tesna, morao sam da preskačem preko pokojnika da bih bacio bodež u vodu. Mada sam već znao da je to uzalud, sagnuo sam se da vidim da li me je Petrona slagala. Dohvatio sam kofer, zaključao kabinu i izašao. Fero je već bio na mostu za iskrcavanje i doviknuo mi neki pozdrav. Lamas je čekao na red, ćutljiv kao i uvek. Prišao sam mu i rekao mu nešto na uvo. Pomislio sam da će se zabezeknuti, ali to je bio samo moj utisak. Razmislio je na trenutak i složio se. Ja sam već pre toga znao da će se složiti. Tajna za tajnu, obojica smo održali reč. Smestio me je kod svojih prijatelja Žabara, i posle više nikada ništa nisam čuo o njemu. Tri godine kasnije već sam mogao da se vratim. Koliko sam se samo uželeo Buenos Ajresa.

ISEČCI IZ NOVINA

Vajar živi u ulici Rike, što mi ne izgleda kao dobro smišljen potez, ali u Parizu se ne može previše birati kad je čovek Argentinac i vajar, što su dva načina da se teško živi u ovom gradu. U stvari se slabo poznajemo, to su tek komadići vremena razasuti preko dvadeset godina; kada mi se javio telefonom da sa mnom razgovara o jednoj knjizi sa reprodukcijama njegovih najnovijih dela i da zatraži od mene tekst koji bi mogao da ih prati, rekoh mu ono što je uvek zgodno reći u takvim slučajevima, odnosno, neka mi on pokaže svoje skulpture a posle ćemo videti, ili tačnije, videćemo, pa posle.

Uveče sam otišla u njegov stan i u početku beše kafa i ljubazna zavaravanja, oboje smo osećali ono što se neizbežno oseća kad neko nekome pokazuje svoje delo i kad nastane onaj skoro uvek strašan trenutak gde se ili rasplamsaju vatre, ili mora da se prizna, zatrpavajući to rečima, kako je drvo bilo vlažno pa više dimi nego što greje. Već ranije, preko telefona, on mi je govorio o svojim radovima, seriji sitne plastike čija je tema nasilje na svim političkim i geografskim širinama koje obuhvataju čoveka čoveku vuka. Znali smo o tome ponešto, nas dvoje Argentinaca koji su pustili da nadođe plima uspomena, svakodnevnog nagomilavanja straha preko telegrama, pisama, iznenadnih tajaca. Dok smo razgovarali, on je rasklanjao neki sto; postavio me je u jednu zgodnu fotelju i počeo da donosi skulpture; stavljao ih je pod dobro osmišljeno svetlo, puštao me da ih polako posmatram i potom ih malo pomalo okretao; sada skoro da nismo razgovarali, one su imale reč a ta reč je i dalje bila naša. Jedna za drugom sve dok ih nije bilo čitavo tuce ili tako nešto, male i u obliku vlakana, od gline ili gipsa, nastale od žica ili od flaša strpljivo umotavanih radom prstiju i špahle, izrasle iz praznih konzervi i predmeta koje sam samo zahvaljujući vajarovom poverenju u mene raspoznavala ispod tela i glava, ruku i šaka. Bila je već duboka noć, sa ulice jedva da je dopirala buka teških kamiona, sirene ambulantnih kola.

Dopalo mi se to što u vajarovom radu nije bilo ničega sistematičnog ili previše eksplicitnog, što svaki komad ima nekakvu zagonetku i što je ponekad bilo potrebno dugo posmatrati kako bi se shvatio način na koji je tu prikazano nasilje; skulpture su mi se učinile istovremeno naivne i suptilne, u svakom slučaju bez insistiranja na užasu i bez sentimentalnog ucenjivanja. Čak i tortura, taj krajnji oblik u kojem se ispoljava nasilje kroz užas nepomičnosti i izolovanosti, nije bila prikazana sa sumnjivom minucioznošću kakvu imaju mnogi plakati i tekstovi i filmovi koji su se vraćali u moje isto tako sumnjivo sećanje, takođe previše spremno da sačuva slike i da ih vraća ko zna zarad kakvog mračnog uživanja. Pomislih, ako bih napisala tekst koji mi je vajar tražio, ako napišem taj tekst koji od mene tražiš, to će biti tekst kao što su ove skulpture, nikada neću dopustiti da me ponese lakoća koje ima previše na tom polju.

– To je tvoja stvar, Noemi – rekao mi je. – Ja znam da to nije lako, toliko je krvi u našim uspomenama da se ponekad čovek oseti krivim ako im negde postavi granicu, ako ih obuzda da ga ne bi potpuno preplavile.

– Kome pričaš. Gledaj ovaj isečak, ja poznajem ženu koja ga je potpisala, a za neke stvari saznala sam preko prijatelja. To se desilo pre tri godine kao što je moglo da se desi i sinoć ili kao što se možda dešava baš u ovom trenutku u Buenos Ajresu ili u Montevideu. Baš pre nego što sam pošla kod tebe otvorila sam pismo od jednog prijatelja i našla ovaj isečak. Daj mi još jednu kafu dok ga čitaš, u stvari nije neophodno da ga pročitaš posle ovoga što si mi pokazao, ali ne znam, osećaću se bolje ako ga i ti pročitaš.

A to što je on pročitao bilo je sledeće:

Potpisnica, Laura Beatris Bonaparte Bruštajn, sa stanom u Atojaku, broj 26, stan 10, Kolonija Kuautemok, Meksiko 5, D.F, želi da saopšti javnom mnjenju sledeće svedočanstvo:
1. Aida Leonora Bruštajn Bonaparte, rođena 21. maja 1951. u Buenos Ajresu, Argentina, po profesiji učiteljica.
Događaj: U deset izjutra 24. decembra 1975. oteli su je pripadnici Argentinske vojske (Bataljon 601) sa njenog radnog mesta u Vilji Miserija Monte Ćingolo, nedaleko od glavnog grada.

Prethodnog dana to mesto bilo je poprište jedne bitke posle koje je ostalo više od stotinu mrtvih, uključujući i osobe iz tog mesta. Moja ćerka je, pošto je oteta, odvedena u vojni garnizon Bataljona 601.

Tamo je brutalno mučena, kao i druge žene. One koje su preživele streljane su te iste noći, na Božić. Među njima je bila i moja ćerka.

Sa sahranjivanjem poginulih u borbi i otetih civila, kao što je slučaj sa mojom ćerkom, odugovlačilo se oko pet dana. Sva tela, uključujući i njeno, prebačena su viljuškarima iz garnizona u komesarijat u Lanusu, a odatle na groblje Aveljaneda, gde su sahranjena u zajedničkoj grobnici.

Ja sam i dalje posmatrala poslednju skulpturu koja je ostala na stolu, nisam htela da pogledam vajara koji je čitao ćutke. Po prvi put sam čula kucanje časovnika na zidu, dopiralo je iz predsoblja i bilo je jedino što se moglo čuti u trenutku kada je ulica sve više pustela; slab zvuk dopirao je do mene kao metronom noći, pokušaj da se održi u životu vreme u toj rupi u kojoj kao da smo se našli oboje, to trajanje koje je obuhvatalo jednu sobu u Parizu i jedno siromaško naselje u Buenos Ajresu, koje je poništavalo kalendare i ostavljalo nas licem u lice sa time, pred onim što samo možemo nazvati to, svako određenje je suvišno, svaki izraz užasa zamoran u prljav.

– *One koje su preživele streljane su te iste noći, na Božić* – pročitao je vajar naglas. – Možda su im dali božićni kolač i jabukovaču, seti se da su u Aušvicu deci delili bombone pre nego što ih uvedu u gasne komore.

Mora da je ko zna šta video na mom licu, odmahnuo je izvinjavajući se a ja sam oborila pogled i potražila još jednu cigaretu.

Zvanično sam saznala za ubistvo svoje kćeri u sudu broj 8 u gradu La Plata, dana 8. januara 1976. Zatim sam upućena u komesarijat u Lanusu, gde su mi posle tri sata ispitivanja kazali na kom mestu se nalazi grobnica. Od moje kćeri ponudili su samo da mi pokažu šake odsečene od tela i stavljene u jednu posudu, koja nosi broj 24. Ono što je od njenog tela ostalo nije moglo da se preda, jer je to bila vojna tajna. Sledećeg dana otišla sam na groblje Aveljaneda, tražeći ploču broj 28. Komesar mi je rekao da ću tamo pronaći „ono što je od nje ostalo, jer se ne može nazvati telima to što mu je predato". Grobnica je bila jedan nedavno prekopan komad zemlje, pet puta pet metara otprilike, u dnu groblja. Znam da pronađem mesto gde se grobnica nalazi. Bilo je užasno kada sam shvatila kako je ubijeno i sahranjeno više od stotinu osoba, među kojima se nalazila i moja ćerka.

2. Pred tako besramnim i tako neopisivo surovim događajem, januara 1976, ja, sa stanom u ulici Lavalje 730, peti sprat, stan devet, u Buenos Ajresu, podižem tužbu protiv Argentinske vojske zbog ubistva. To činim pred istim sudom u La Plati, broj 8, sud za građanske parnice.

– Vidiš, sve to ništa ne vredi – reče vajar, mašući kroz vazduh ispruženom rukom. – Ništa ne vredi, No-

61

emi, mesecima pravim ova sranja, ti pišeš knjige, ova žena iznosi na videlo užase, odlazimo na kongrese i okrugle stolove kako bismo se bunili, skoro poverujemo da se stvari menjaju, a onda ti je dovoljno dva minuta da pročitaš nešto pa da ponovo shvatiš istinu, da ...

– Pst, i ja sada razmišljam o takvim stvarima – rekoh, besna što moram to da izgovorim. – Ali ako bih pristala na njih, to bi bilo kao da sam im poslala pismo sa pristupnicom, a uostalom, i sam dobro znaš da ćeš sutra ustati i začas ćeš ponovo vajati još jednu skulpturu i znaćeš da sam ja za svojom pisaćom mašinom i mislićeš da nas je mnogo iako nas je tako malo, i da nejednakost snaga nije niti će ikada biti razlog da ućutimo. Kraj pridike. Pročitao si? Moram da idem, čoveče.

Odrečno je mahnuo, pokazao na lonac kafe.

Za ovim mojim pravnim postupkom usledili su sledeći događaji:

3. U martu 1976. Adrijan Sajdon, Argentinac, dvadeset četiri godine, zaposlen, verenik moje ćerke, ubijen je u jednoj ulici u Buenos Ajresu, od strane policije, koja je to javila njegovom ocu.

Njegovo telo nije vraćeno njegovom ocu, doktoru Abrahamu Sajdonu, jer je to bila vojna tajna.

4. Santjago Bruštajn, Argentinac, rođen 25. decembra 1918, otac moje ubijene ćerke, koja je pominjana pod tačkom jedan, po profesiji doktor biohemije, sa laboratorijom u gradu Moron.

Događaj: 11. juna 1976, u podne, u njegov stan u ulici Lavalje 730, peti sprat, stan 9, dolazi jedna grupa vojnika u civilu. Moj muž, kome je pomagala jedna bolničarka, nalazio se u svom krevetu skoro na samrti zbog infarkta, lekari su predviđali da ima još tri meseca života. Vojnici su ga pitali za mene i za našu decu, i dodali su: *Kako kao jevrejsko kopile može da se usudi da podigne tužbu zbog ubistva protiv Argentinske vojske.* Zatim su ga naterali da ustane, i tukući ga, uvukli ga u automobil, ne dozvolivši mu da ponese svoje lekove.

Očevici tvrde da su za to hapšenje Vojska i policija upotrebili dvadesetak vozila. O njemu više nikada ništa nismo čuli. Iz nezvaničnih izvora saznali smo da je umro odmah pošto je počelo mučenje.

– A ja sam ovde, hiljade kilometara daleko, raspravljam sa izdavačem na kakvom papiru treba da budu fotografije skulptura, koji format, kakve korice.

– Tja, dragi moj, ovih dana ja pišem priču u kojoj se govori ni manje ni više nego o psi-ho-loš-kim problemima jedne devojke u pubertetu. Ne počinji da sam sebe mučiš, dovoljno je i ovo pravo mučenje, čini mi se.

– Znam, Noemi, znam, majku mu. Ali uvek ista stvar, uvek moramo da priznamo da se sve to dogodilo u nekom drugom prostoru, u drugom vremenu. Nikada nismo bili niti ćemo biti tamo, gde možda...

(Setila sam se nečega što sam pročitala kao mala, možda kod Ogistena Tijerija, priču o tome kako je neki svetac, ko zna kako se zvao, preobratio u hrišćanstvo Klodovika i njegov narod, i u trenutku kada je Klodoviku opisivao bičevanje i raspeće Hristovo, kralj je ustao sa svog trona mašući svojim kopljem i vičući: „E, da sam ja tamo bio sa svojim Francima!", divna je to nemoguća želja, isti ovakav nemoćan bes kao i kod vajara zadubljenog u čitanje).

5. Patrisija Vilja, Argentinka, rođena u Buenos Ajresu 1952, novinar, radila je u agenciji *Inter Press Service*, sestra moje snahe.

Događaj: Kao i njen verenik, Eduardo Suares, koji je takođe novinar, uhapšeni su septembra 1976 i odvedeni kao zatvorenici u Glavnu upravu federalne policije u Buenos Ajresu. Nedelju dana posle otmice njena majka, koja je preduzela odgovarajuće pravne mere, obaveštena je da im je žao, da je to bila greška. Njihova tela nisu vraćena porodici.

6. Irene Monika Bruštajn Bonaparte de Ginzberg, dvadeset dve godine, po zanimanju likovna umetnica,

udata za Marija Ginzberga, građevinskog nadzornika, dvadeset četiri godine. *Događaj:* Dana 11. marta 1977, u 6 ujutro, u stan gde su njih dvoje živeli došle su združene snage Vojske i policije, odveli ovaj par i ostavili njihovu decu: Viktoriju, dve godine i šest meseci, i Uga Roberta, godinu i šest meseci, napuštene pred vratima zgrade. Odmah smo pokrenuli postupak *habeas corpus,* ja u meksičkom konzulatu, a Marijev otac, moj prijatelj, u Buenos Ajresu.

Raspitivala sam se za svoju ćerku Irenu i za Marija, iznevši ovaj užasan niz događaja: Ujedinjenim nacijama, OAD, Amnesti Internešenelu, Evropskom parlamentu, Crvenom krstu, itd.

Uprkos tome, do sada nisam dobila vesti o mestu njihovog zatočeništva. Duboko se nadam da su još uvek u životu.

Kao majka, u nemogućnosti da se vratim u Argentinu zbog opisanih proganjanja moje porodice, i pošto su pravni postupci poništeni, molim sve one institucije i osobe koji se bore za odbranu ljudskih prava da preduzmu potrebne mere da bi mi bili vraćeni moja ćerka Irene i njen muž Mario, da bih tako mogla da sačuvam njihove živote i slobodu. U potpisu, Laura Beatris Bonaparte Bruštajn (Iz *El Paisa,* oktobra 1978, preneto u publikaciji *Denunsija,* decembra 1978).

Vajar mi je vratio isečak, nismo mnogo pričali jer smo bili mrtvi od umora, osetila sam da je zadovoljan što sam pristala da pišem o njemu u njegovoj knjizi, tek tada sam shvatila da je sumnjao do samog kraja jer se za mene priča da sam jako zauzeta, možda da sam samoživa, u svakom slučaju, da sam spisateljica koja je potpuno posvećena svojim stvarima. Upitala sam ga ima li neka taksi stanica u blizini i izašla na pustu i hladnu ulicu, previše široku za moj ukus u Parizu. Nalet vetra primorao me je da podignem kragnu na mantilu, slušala sam svoje korake kako oštro odjekuju u tišini, u ritmu u koji umor i opsesije tako često ubacuju neku melodiju koja se stalno vraća, ili stih neke pesme, ali ja sam samo mogla da vidim njene šake odsečene od tela i ostavljene u posudi, koja nosi broj dvadeset četiri, samo sam mogla da vidim njene šake odsečene od tela, naglo sam se trgla odupirući se toj plimi koja je nadolazila i nadolazila, naprežući se da dišem duboko, da mislim na posao koji me sutra čeka; nikada nisam saznala zašto sam prešla na suprotnu stranu ulice, bez ikakve potrebe jer je ta ulica vodila na trg Šapel gde ću možda pronaći neki taksi, svejedno je hoću li ići ovom ili onom stranom, prešla sam tek tako, jer više nisam imala čak ni snage da se upitam zašto prelazim.

Devojčica je sedela na stepeniku ispred jednog ulaza skoro izgubljenog među drugim ulazima visokih i uzanih kuća koje su se jedva mogle razlikovati u tom posebno mračnom bloku zgrada. To što je u ovo doba noći kada je sve toliko pusto neka devojčica sedela na ivici stepenika nije me iznenadilo toliko koliko njeno držanje, kao beličasta mrljica, skupljenih nogu, sa rukama preko lica, nešto što je isto tako moglo biti pas ili kanta sa đubretom ostavljena na ulazu u kuću. Osvrnula sam se neodlučno oko sebe; neki kamion udaljavao se sa svojim slabim žutim svetlima, na pločniku s druge strane jedan čovek išao je pogrbljen, glave uvučene u podignutu kragnu na mantilu, sa rukama u džepovima. Zastala sam, pogledala izbliza; devojčica je imala tanke pletenice, belu suknjicu i ružičast džemperić, i kada je sklonila ruke sa lica videla sam njene oči i obraze sa kojih čak ni polumrak nije mogao izbrisati suze, sjaj koji joj se spuštao sve do usta.

– Šta ti je? Šta radiš tu?

Čula sam kako duboko uzdiše, kako guta suze i sline, kako jeca ili šmrkće, videh celo njeno lice okrenuto ka meni, malecki crveni nos, krivinu usana koje su drhtale. Ponovila sam pitanje, ko zna šta sam joj rekla saginjući se sve dok nisam osetila da mi je veoma blizu.

– Moja mama – rekla je devojčica kroz plač. – Moj tata radi neke stvari mojoj mami.

Možda je htela da kaže još nešto ali se njene ruke is-
pružiše i osetih kako se priljubljuje uz mene, kako očaj-
nički plače meni uz grlo; osećala se na prljavštinu, na
mokre gaćice. Htela sam da je uzmem u naručje dok
sam ustajala, ali se ona izmakla, gledajući u mračni hod-
nik. Pokazivala mi je nešto jednim prstom, pošla je a ja
sam pošla za njom, jedva naziruћi neki kameni luk i za-
tim tamu, početak nekog vrta. Ćutke je izašla na otvore-
no, ono nije bio vrt nego pre neka gradina sa niskom
ogradom koja je razdvajala zasejane parcele, bilo je do-
voljno svetla da bi se videli rahitične tršlje, trska uz ko-
ju su se penjale puzavice, parčići krpa kao strašila; ne-
gde u sredini nazirala se niska krovinjara zakrpljena
komadima cinkanog i običnog lima, prozorčić kroz koji
je dopiralo zelenkasto svetlo. Nikakva lampa nije bila
upaljena na prozorima zgrada koje su okruživale gradi-
nu, crni zidovi penjali su se pet spratova sve dok se ne
pomešaju sa niskim i oblačnim nebom.
Devojčica je zakoračila pravo na uzanu stazu iz-
među dve leje koja je vodila do vrata krovinjare; jedva
da se okrenula da proveri idem li za njom, i ušla u bara-
ku. Znam da je trebalo da tu stanem i okrenem se da
odem, da kažem sebi kako je ta devojčica imala ružan
san i da se vraća u krevet, svi mogući razumni razlozi su
mi u tom trenutku pokazivali koliko je besmisleno pa
možda i opasno da se u to doba uvlačim u tuđu kuću;
možda sam to sebi još uvek govorila kada sam prošla
kroz odškrinuta vrata i videla devojčicu kako me čeka u
nekakvom predsoblju punom starih stvari i baštenskog
alata. Jedan zrak svetlosti provlačio se ispod vrata u
dnu, a devojčica mi rukom pokaza na njih i skoro
pretrča ostatak predsoblja i neprimetno poče da otvara
vrata. Stojeći pored nje, dok mi je žuti zrak koji je dopi-
rao kroz otvor što se malo pomalo širio padao pravo na
lice, osetih miris paljevine, začuh nešto nalik na pri-
gušen krik koji se čuo iznova i iznova i prekidao se i po-
novo se čuo; moja ruka gurnu vrata i videh prljavu sobu,

polomljene hoklice i sto sa flašama od piva i vina, čaše i stolnjak od starih novina, nešto dalje krevet i nago telo vezano umazanim peškirom, ruke i noge vezane za gvozdene šipke na krevetu. Okrenut leđima, sedeći na klupi, devojčicin tata radio je mami neke stvari; nije žurio, polako je prinosio cigaretu usnama, polako ispuštao dim kroz nos dok se žar cigarete spuštao na maminu dojku, ostajao tamo onoliko koliko bi potrajali urlici prigušeni peškirom koji je obavijao usta i čitavo lice osim očiju. Pre nego što sam shvatila, pre no što sam pristala da budem deo toga, bilo je dovoljno vremena da tata odmakne cigaretu i ponovo je prinese ustima, vremena da se raspali žar i uživa u izvanrednom francuskom duvanu, vremena da ja vidim telo sa opekotinama od trbuha do vrata, modre ili crvene mrlje koje su se penjale od butina i međunožja do grudi gde se sada ponovo spuštao žar, naročito pažljivo, tražeći mesto na koži gde nema ožiljaka. Urlik i grčenje tela na krevetu koji je zaškripao od trzaja pomešali su se sa stvarima i postupcima koje nisam birala i koje nikada sebi neću moći da objasnim; između čoveka okrenutog leđima i mene nalazila se jedna oguljena hoklica, videla sam kako se digla u vazduh i pala postrance na tatinu glavu; njegovo telo i hoklica otkotrljali su se na pod gotovo u istom trenutku. Morala sam da uzmaknem kako i ja ne bih pala, pokret kojim sam podigla hoklicu i bacila je nosio je u sebi sve moje snage koje su me istog trenutka napustile, ostavile me samu kao neku krpenu lutku koja se klati; znam da sam potražila oslonac ne našavši ga, da sam se ovlaš osvrnula i videla da su vrata zatvorena, devojčica više nije bila tu a čovek na podu bio je nejasna mrlja, zgužvana krpa. Ono što se potom desilo mogla sam da vidim na nekom filmu ili da pročitam u nekoj knjizi, stajala sam tamo kao da nisam tu ali sam bila, i to tako živo i s namerom koja me je za sasvim kratko vreme, ako se to dešavalo u vremenu, navela da pronađem nož na stolu, presečem konopce koji su vezivali ženino telo, str-

67

gnem joj peškir sa lica i da vidim kako ona ustaje bez reči, sada savršeno bez reči kao da je to potrebno pa čak i neophodno, pogleda telo na podu koje je počelo da se grči u nesvesti koja neće potrajati, pogleda mene ćutke, ode do tela i uhvati ga za ruke dok sam ga ja držala za noge, i dvostrukim zamahom ga spustismo na krevet, vezasmo ga istim onim konopcima na brzinu ponovo sastavljenim i vezanim, vezivale smo ga u tišini u kojoj nešto kao da je treperilo i drhtalo nekim ultrasoničnim zvukom. Šta sledi, ne znam, vidim tu ženu, još uvek golu, njene ruke koje kidaju parčiće odeće, otkopčavaju pantalone i spuštaju ih do članaka, vidim njene oči u svojima, jedan jedini par udvojenih očiju i četiri ruke koje cepaju i skidaju, sako i košulju i gaćice, sada kada toga treba da se setim i da to napišem, moje prokleto ustrojstvo i moje nepokolebljivo pamćenje donose mi jednu drugu stvar, neizrecivo doživljenu ali neviđenu, odlomak iz jedne priče Džeka Londona u kojoj se traper sa severa bori da zasluži čistu smrt dok pored njega, pretvoren u krvavu stvar koja još ima ostatke svesti, njegov drug u pustolovinama urla i previja se dok ga muče žene iz plemena, koje od njega prave užasan produžetak života u grčevima i urlanju, ubijaju ga ne ubijajući ga, do krajnosti istančane u svakoj novoj varijaciji koja se nikada ne opisuje ali je tu, kao što nas dve tamo nikada nismo opisane a radile smo ono što smo morale, što smo morale uraditi. Zalud se sada pitam zašto sam ja učestvovala u tome, otkud meni pravo i kakva je moja uloga u tome što se dešavalo pred mojim očima koje su nesumnjivo videle, koje se bez sumnje sećaju kao i mašta Džeka Londona koji je zacelo morao videti i sećati se svega što njegova ruka nije bila kadra da zapiše. Samo znam da devojčica nije bila sa nama otkako sam ja ušla u sobu, i da je sada mama radila neke stvari tati, ali ko zna da li je to bila samo mama ili su to ponovo bili noćni vetrovi, komadići slika koje se vraćaju iz jednog isečka iz novina, ruke odsečene od tela i ostavljene u posudi koja nosi broj 24, iz nezvaničnih izvora saznali smo da je umro odmah pošto je počelo mučenje, peškir u ustima, upaljene cigarete, i Viktorija, dve godine i šest meseci, i Ugo Roberto, godinu i šest meseci, napušteni pred vratima zgrade. Kako znati koliko je trajalo, kako shvatiti da sam i ja, da sam i ja, mada sam za sebe mislila da sam na strani dobrih, da sam i ja, kako prihvatiti da sam i ja tamo s onu stranu odsečenih šaka i zajedničkih grobnica, i ja na strani suprotnoj od devojaka mučenih i streljanih iste noći, na Božić; sve ostalo je okretanje leđa, prolazak kroz gradinu sudarajući se sa ogradom i posekavši koleno, izlazak na ledenu i pustu ulicu i dolazak na Šapel, skoro odmah našla sam taksi koji me je dovezao do votke, čaša za čašom, do sna iz kojeg sam se probudila u podne, ležeći popreko na krevetu, odevena od glave do pete, sa okrvavljenim kolenom i glavoboljom koju je možda samo Proviđenje poslalo, kakva se dobija kad čista votka pređe pravo iz flaše u grlo.

Radila sam čitavog popodneva, činilo mi se da je neizbežno i zadivljujuće što sam kadra do te mere da se priberem; predveče sam pozvala vajara telefonom, on je izgledao iznenađen što sam se tako rano javila; ispričala sam mu šta mi se desilo, sve sam mu sručila u jednom dahu, on me nije prekidao, mada sam ga povremeno čula kako se nakašljava ili pokušava da zausti neko pitanje.

– I tako, vidiš i sam – rekoh mu – vidiš da mi nije trebalo previše vremena da ti dam ono što sam ti obećala.

– Ne razumem – reče vajar. – Ako misliš na tekst o...

– Da, mislim. Upravo sam ti ga pročitala, to je taj tekst. Poslaću ti ga čim ga prekucam, ne želim više da ga držim ovde.

Posle dva-tri dana proživljena u magli od tableta i pića i ploča, bilo čega što bi moglo predstavljati barikadu, izašla sam na ulicu da kupim zalihe, frižider je bio prazan i Mimoza je mjaukala u dnu mog kreveta. Našla sam jedno pismo u sandučetu, vajarov krupni rukopis na kovertu. U njemu se nalazio list papira i jedan isečak iz novina, počela sam da čitam dok sam išla ka pijaci i tek kasnije sam shvatila da sam, otvarajući koverat, pocepala i bacila jedan deo isečka. Vajar mi se zahvaljivao na tekstu za njegov album, neobičnom ali izgleda veoma svojstvenom meni, van svih uobičajenih tekstova u umetničkim albumima, mada to njemu nije važno kao što nema sumnje da nije ni meni. Tu je bio i postskriptum: „U tebi je izgubljena jedna velika dramska umetnica, mada je na sreću sačuvana izvanredna spisateljica. One večeri pomislio sam na trenutak da mi pričaš nešto što ti se stvarno desilo, posle sam slučajno pročitao *Frans Soar* iz kojeg sam isekao izvor tvog vanrednog ličnog iskustva. Tačno je da pisac može da tvrdi kako mu nadahnuće dolazi iz stvarnosti, pa čak i iz policijskih izveštaja, ono što on može od toga da napravi daje mu snagu da pređe u drugu dimenziju, daje mu drugačiju vrednost. U svakom slučaju, draga Noemi, previše smo veliki prijatelji da bi ti trebalo da me unapred pripremaš za svoj tekst i da rasipaš svoj dramski talenat preko telefona. Ali neka sve to, znaš već koliko sam ti zahvalan na saradnji i veoma sam srećan što...“

Pogledala sam isečak i videla da sam ga nepažnjom pocepala, koverat i onaj komad koji se za njega zakačio sada leže bačeni ko zna gde. Vest je bila dostojna *Frans Soara* i njegovog stila: jeziva drama u predgrađu Marseja, grozno otkriće jednog sadističkog zločina, bivši vodoinstalater vezan za krevet, leš, itd, susedi donekle upoznati sa brojnim scenama nasilja, ćerkica odsutna već danima, susedi posumnjali na napuštanje, policija traži naložnicu, jeziv prizor koji se ukazao pred, isečak se prekidao na tom mestu, na kraju krajeva, kad je vajar previše ovlažio preklop na kovertu učinio je isto ono što i Džek London, isto što i Džek London i moje sećanje; ali fotografija krovinjare u gradini, ograda i cinkani lim, visoki zidovi sa svojim slepim očima unaokolo, susedi donekle upoznati, susedi posumnjali na napuštanje, sve mi se to sručilo u lice kroz komade vesti.

Sela sam u taksi i odvezla se do ulice Rike, znajući da je to glupo ali čineći to zato što se tako prave gluposti. U sred bela dana to nije imalo nikakve veze sa mojim sećanjem, i premda sam išla zagledajući svaku kuću i prešla na drugu stranu ulice onako kako sam se sećala da sam to učinila, nisam prepoznala nijedan ulaz koji bi ličio na onaj iz te noći, svetlost je padala na stvari kao beskrajna maska, ulazi ali ne onakvi kao onaj ulaz, nikakav prolaz do gradine između zgrada, naprosto zato što se ta gradina nalazila u predgrađu Marseja. Ali devojčica je bila tu, sedela je na stepeniku nekog ulaza i igrala se sa krpenom lutkom. Kada sam joj se obratila pobegla je do prvih vrata, vratarka je izašla je pre nego što sam stigla da pozvonim. Htela je da zna da li sam ja socijalna radnica, sigurno sam došla po devojčicu koju je ona našla izgubljenu na ulici, baš jutros su bili neki ljudi da je identifikuju, socijalna radnica će doći po nju. Iako sam to već znala, pre nego što sam pošla pitala sam kako se preziva, posle sam otišla u jedan kafe i na poleđini vajarovog pisma napisala kraj teksta i otišla da ga ubacim ispod njegovih vrata, bilo je pravo da i on sazna kraj, da tekst bude ceo kad se nađe uz njegove skulpture.

DRUGI PUT

Samo smo ih čekali, svaki je imao svoj datum i svoje vreme, ali to da, bez žurbe, sve duvan pušeći, s vremena na vreme Crnac Lopes je dolazio s kafom i onda smo ostavljali posao i komentarisali novosti, skoro uvek isto, šefova poseta, promene na vrhu, performanse u San Isidru. Oni, naravno, nisu mogli znati da ih čekamo, što 'no kažu čekamo, takve stvari morale su da prođu ne ostavljajući za sobom otpatke, vi samo mirno radite, šefove reči, svaki čas je to ponavljao da ne bude sumnje, vi samo polagance, sve u svemu, bilo je lako, ako nešto počne da šlajfuje neće na nas svaliti krivicu, odgovorni su gore a šef je kralj, budite mirni, momci, ako se ovde napravi gužva, ja ću to da sredim, jedino vas molim da mi ne pomešate osobe, prvo provera da se ne uprska stvar a posle samo nastavite.

Zaista nam nisu zadavali muke, šef je izabrao funkcionalne kancelarije da se ne bi pravila gužva, a mi smo ih primali jednog po jednog kako i treba, i radili koliko god vremena da je potrebno. Kako smo samo lepo vaspitani, čoveče, šef je to stalno govorio i to je bilo tačno, sve usklađeno tako da nam ni IBM nije ravan, ovde sve teče kao po loju, ništa od žurbe i onog pomerajte se napred. Imali smo vremena za kaficu i za nedeljnu prognozu, šef je prvi dolazio po fiksne rezultate za prognozu, u tome je mršavi Bjanketi bio pravo proročište. I tako svakog dana isto, dolazili smo sa novinama, Crnac Lopes donosio je prvu kafu i ubrzo bi počele da pristižu stranke radi administrativnog postupka. U pozivu je stajalo tako, postupak koji vas se tiče, a mi smo samo tu čekali. Mada je istina da, makar stigao i na žutom papiru, poziv uvek izgleda nekako ozbiljno; zato ga je Marija Elena mnogo puta zagledala kod kuće, sa zelenim pečatom koji okružuje nečitak potpis i naznakama datuma i mesta. U autobusu ga je ponovo izvukla iz novčanika i navila je sat da bude sigurnija. Pozvali su je u neku kancelariju u ulici Masa, čudno da tu ima neko ministarstvo ali njena sestra je rekla da otvaraju kancelarije gde stignu jer su ministarstva već postala tesna i čim je sišla iz autobusa videla je da je to sigurno tačno, četvrt je bila nikakva, sa kućama na tri i četiri sprata a naročito mnogo radnji na malo, čak i nekoliko drveta od ono malo što ih je ostalo u kraju.

„Biće valjda nekakva zastava", pomislila je Marija Elena kada je došla nadomak bloka sa brojem sedamsto, možda je to kao one ambasade koje se nalaze u rezidencijalnim četvrtima ali se iz daleka prepoznaju po šarenoj krpi na nekom balkonu. Iako se broj na pozivu jasno video, začudilo ju je što ne vidi otadžbinsku zastavu i za trenutak je zastala na uglu (bilo je suviše rano, nije morala da žuri) i bez ikakvog razloga je upitala čoveka u kiosku sa novinama da li se u tom bloku nalazi Uprava.

– Naravno da je tu – reče čovek – ovde po sredini bloka, ali zašto pre toga ne ostanete malo da mi pravite društvo, vidite kako sam sam.

– Kad se budem vraćala – nasmešila mu se Marija Elena odlazeći bez žurbe i još jednom proveravajući žuti papir. Skoro da nije bilo ni saobraćaja ni ljudi, jedna mačka ispred neke prodavnice i neka debela žena sa devojčicom koja je izlazila iz jednog ulaza. Ono malo automobila bilo je parkirano kod Uprave, u skoro svakom je neko bio za volanom i čitao novine ili pušio. Ulaz je bio tesan kao i svi u tom bloku, sa haustorom u majolici i stepeništem u dnu; pločica na vratima izgle-

73

dala je kao da pripada nekom lekaru ili zubaru, prljava i sa nekim papirom zalepljenim na donjem delu da prekrije neki od natpisa. Čudno je što nema lifta, treći sprat a mora da se penje peške posle onog tako ozbiljnog papira sa zelenim pečatom i potpisom i sve to. Vrata na trećem bila su zatvorena i nije se videlo ni zvonce ni natpis. Marija Elena pritisnula je kvaku i vrata su se bešumno otvorila; duvanski dim dopro je do nje pre nego zelenkste pločice u hodniku i klupe sa obe strane na kojima su sedeli neki ljudi. Nije ih bilo mnogo, ali uz taj dim i tako tesan hodnik izgledalo je kao da se dodiruju kolenima, dve stare gospođe, ćelavi gospodin i mladić sa zelenom kravatom. Sigurno su razgovarali da ubiju vreme, baš kada je otvarala vrata Marija Elena uhvatila je kraj rečenice jedne od gospođa, ali kao i uvek, svi su odjednom ućutali gledajući onu koja je poslednja stigla, i takođe kao i uvek, osećajući se tako glupo, Marija Elena je pocrvenela i jedva je pustila glas da kaže dobar dan i stala pored vrata sve dok joj mladić nije dao znak pokazujući joj praznu klupu pored njega. Baš kada je sedala, zahvaljujući mu se, vrata na drugom kraju hodnika otškrinula su se kako bi propustila čoveka crvene kose koji se probio kroz kolena ostalih ne potrudivši se da ih zamoli da ga propuste. Službenik je nogom zadržao otvorena vrata, sačekavši dok jedna od gospođa nije s mukom ustala i izvinjavajući se prošla između Marije Elene i ćelavog gospodina; izlazna vrata i vrata kancelarije zatvorila su se skoro u isto vreme, i oni koji su ostali počeli su ponovo da ćaskaju, tegleći se malkice po klupama koje su škripale.

Svako je imao svoju temu, kao i uvek, ćelavi gospodin sporost postupaka, ako je ovako prvi put šta da se očekuje, recite vi meni, više od pola sata da bi na kraju šta, verovatno četiri pitanja i ćao đaci, barem tako pretpostavljam.

– Nemojte misliti – reče mladić sa zelenom kravatom – meni je drugi put i uveravam vas da nije tako kratko, dok sve prepišu mašinom a čovek se ne seti tačno nekog datuma, takve stvari, na kraju se dosta oduži.

Ćelavi gospodin i stara gospođa ljubopitljivo su ga slušali jer je to za njih očigledno bio prvi put, kao i Mariji Eleni, koja ipak nije osećala da ima prava da se umeša u razgovor. Ćelavi gospodin je hteo da zna koliko vremena prođe između prvog i drugog poziva, i mladić je objasnio da je u njegovom slučaju to trajalo tri dana. Ali zašto dva poziva?, htela je da upita Marija Elena, i opet je osetila kako joj se boja penje u lice pa je sačekala da joj se neko obrati i pruži joj samopouzdanje, da joj dopusti da se uključi, da više ne bude poslednja. Stara gospođa je izvukla bočicu sa solju i udisala iz nje duboko dišući. Sigurno joj je od onolikog dima pozlilo, mladić se ponudio da ugasi cigaretu a ćelavi gospodin je rekao, naravno, taj hodnik je prava sramota, bolje da pogase cigarete ako joj je zlo, ali gospođa je rekla ne treba, samo mali umor koji će odmah proći, u njenoj kući muž i sinovi stalno puše, skoro da više i ne primećujem. Marija Elena, koja je takođe poželela da izvadi cigaretu, videla je kako muškarci gase svoje, kako mladić svoju pritiska o đon na cipeli, uvek se previše puši kada mora da se čeka, onomad je bilo još gore jer je pre bilo sedam-osam ljudi, i na kraju se u hodniku nije videlo ništa od onolikog dima.

– Život je čekaonica – reče ćelavi gospodin, gazeći cigaretu veoma pažljivo i gledajući svoje ruke kao da više ne zna šta će s njima, i stara gospođa je uzdahnula sa dugogodišnjim odobravanjem i sklonila bočicu baš kada su se vrata u dnu otvorila i ona druga gospođa izašla sa izrazom na kojem su joj svi pozavideli, uz skoro sažaljivo doviđenja kada je stigla do izlaznih vrata. Ali onda ne traje toliko, pomisli Marija Elena, tri osobe pre nje, recimo tri četvrti sata, naravno, u nekom slučaju postupak će se kod nekih odužiti, mladić je već bio prvi put i tako je rekao. Ali kada je ćelavi gospodin ušao u kancelariju, Marija Elena se usudila da zapita kako bi bila sigurnija, i mladić se zamislio a zatim rekao kako su se prvi put neki zadržavali mnogo a drugi manje, nikad se ne zna. Stara gospođa je primetila da je ona druga gospođa skoro odmah izašla, ali čovek sa crvenom kosom se zadržao čitavu večnost.

– Sva sreća te nas je ostalo malo – reče Marija Elena – ovakva mesta izazivaju neraspoloženje.

– Sve to treba uzeti filozofski – reče mladić – ne zaboravite da ćete morati ponovo da dođete, tako da vam je bolje da budete mirni. Kad sam ja bio prvi put nije bilo s kim da se razgovara, bilo nas je gomila ali ne znam, nije bilo zajedničkog jezika, a danas, naprotiv, otkako sam stigao vreme lepo prolazi jer se razmenjuju misli.

Mariji Eleni se dopalo da i dalje ćaska sa mladićem i gospođom, skoro da nije osećala kako prolazi vreme dok ćelavi gospodin nije izašao a gospođa ustala brzinom kakvoj se od nje ne bi nadali u njenim godinama, sirotica je htela brzo da završi postupak.

– Dobro, sad mi – reče mladić. – Ne smeta vam ako zapalim? Ne mogu više da izdržim, ali gospođi izgleda toliko nije bilo dobro...

– I meni se puši.

Prihvatila je cigaretu koju joj je on ponudio i rekli su jedno drugome svoja imena, gde rade, prijalo im je da razmenjuju utiske zaboravljajući na hodnik, na tišinu koja se na trenutke činila preteranom, kao da su ulice i ljudi ostali jako daleko. Marija Elena je takođe živela u Floresti ali kao mala, sad živi u Konstitusionu. Karlosu se nije dopadao taj kraj, više je voleo zapadni deo, bolji vazduh, drveće. Za njega bi ideal bio živeti u Vilji del Parke, kad se bude oženio možda će iznajmiti stan na toj strani, njegov budući tast mu je obećao da će mu pomoći, to je čovek sa mnogo veza, pa će nekako nešto i uspeti.

– Ne znam zašto, ali meni nešto govori da ću ceo život provesti u Konstitusionu – reče Marija Elena. – Nije tako loše, na kraju krajeva. A ako nekad...

Videla je da su se vrata u dnu otvorila i skoro iznenađeno pogledala mladića koji se osmehivao dok je ustajao, vidite kako prolazi vreme u razgovoru, gospođa ih je ljubazno pozdravila, izgledala je tako zadovoljna što odlazi, svi su imali neki mladalački izraz pun poleta na izlasku, kao da su im skinuli nekakav teret sa leđa, postupak završen, jedan posao manje a napolju je ulica, kafei u koje će verovatno ući da popiju čašicu ili čaj kako bi se zaista osetili izvan čekaonice i formulara. Sad će Mariji Eleni vreme izgledati duže, kad je sama, mada, ako se ovako nastavi, Karlos će izaći prilično brzo, ali možda će se zadržati i duže od ostalih jer mu je to bio drugi put a boga pitaj kakav je njegov postupak.

U početku skoro da nije shvatila kada je videla kako se otvaraju vrata a službenik je gleda i glavom joj pokazuje da uđe. Pomislila je da je onda tako, da će Karlos morati još malo da se zadrži popunjavajući papire a oni će se u međuvremenu pobrinuti za nju. Pozdravila je službenika i ušla u kancelariju; čim je prošla kroz vrata drugi službenik joj je pokazao stolicu ispred jednog crnog pisaćeg stola. U kancelariji je bilo nekoliko službenika, samo muškarci, ali Karlosa nije videla. Sa druge strane pisaćeg stola neki službenik bolešljivog lica gledao je nekakav raspored; ne dižući pogled pružio je ruku i Mariji Eleni je trebalo vremena da shvati da on traži poziv, odjednom je shvatila i potražila ga malkice izgubljena, mrmljajući izvinjenje, izvukla je dve-tri stvari iz tašne dok nije pronašla žuti papir.

– Popunjavajte polako ovo – reče službenik pružajući joj neki formular. – Štampanim slovima, sasvim čitko.

Bile su to večite gluposti, ime i prezime, godine, pol, adresa. Između dve reči Marija Elena je osetila kao da joj nešto smeta, nešto ne sasvim jasno. Ne u formularu, na kojem je bilo lako popunjavati prazna mesta; nešto napolju, nešto što je nedostajalo ili nije bilo na svom mestu. Prestala je da piše i osvrnula se unaokolo, za ostalim stolovima službenici su radili ili međusobno razgovarali, prljavi zidovi sa plakatima i fotografijama, dva prozora, vrata kroz koja je ušla, jedina vrata u kancelariji. *Profesija,* i pored toga tačkasta linija; bez razmišljanja je popunila prazno mesto. Jedna jedina vrata na kancelariji, ali Karlos nije bio tu. *Dužina radnog staža.* Štampanim slovima, sasvim čitko.

Kada je potpisala u dnu, službenik ju je posmatrao kao da se previše zadržala popunjavajući formular. Na trenutak je razgledao papir, nije našao greške, i stavio ga u fasciklu. Ostalo su bila pitanja, neka od njih bespotrebna jer je ona na njih već odgovorila u formularu, ali i o porodici, promenama adrese poslednjih godina, osiguranju, da li često putuje i gde, da li je izvadila pasoš ili namerava da ga izvadi. Izgledalo je kao da se niko ne brine previše oko odgovora, a u svakom slučaju službenik ih nije zapisivao. Iznenada je rekao Mariji Eleni da može da ide i da se vrati kroz tri dana posle jedanaest; nije potreban pismeni poziv, ali neka ne zaboravi.

– Dobro, gospodine – reče Marija Elena ustajući – onda u četvrtak u jedanaest.

– Svako dobro želim – reče službenik ne gledajući je.

U hodniku nije bilo nikoga, a proći kroz njega bilo je za nju isto kao i za sve ostale, žurba, uzdah olakšanja, želja da se stigne na ulicu i sve ostalo ostavi za sobom. Marija Elena otvorila je izlazna vrata i kad je pošla niz stepenice ponovo je pomislila na Karlosa, čudno je što Karlos nije izašao kao ostali. Čudno zato što su na kancelariji bila samo jedna vrata, naravno da u nekom trenutku možda nije dobro gledala jer drugačije nije moguće, službenik je otvorio vrata da ona uđe a Karlos se nije mimoišao sa njom, nije prethodno izašao kao svi ostali, čovek sa crvenom kosom, gospođe, svi osim Karlosa.

Sunce se odbijalo od pločnika, buka i vazduh ulice; Marija Elena prešla je nekoliko koraka i zastala pored jednog drveta, na mestu na kojem nije bilo parkiranih automobila. Pogledala je ka vratima zgrade, rekla sebi da će sačekati malo kako bi videla Karlosa da izlazi. Nemoguće je da Karlos ne izađe, svi su izašli kad su završili postupak. Pomislila je da se on možda zadržao jer je bio jedini koji je došao po drugi put; ko će ga znati, možda je to. Toliko je čudno što nije videla kako izlazi iz kancelarije, mada su možda postojala neka vrata prekrivena plakatima, nešto što joj je promaklo, ali opet je čudno jer su svi izlazili kroz hodnik kao i ona, svi koji su došli prvi put izašli su kroz hodnik.

Pre nego što je otišla (sačekala je malo, ali nije više mogla tako) pomislila je kako će u četvrtak morati ponovo da dođe. Sigurno će tada stvari biti drugačije i tada će je izvesti sa druge strane, premda nije znala ni gde ni zašto. Ona nije, naravno, ali mi jesmo znali, mi ćemo je čekati, nju i ostale, pušeći natenane i ćaskajući dok Crnac Lopes kuva još jednu od tolikih jutarnjih kafa.

NOĆNA ŠKOLA

O Nitu ne znam više ništa, niti želim da znam. Posle toliko godina i toliko stvari, možda je još uvek tamo ili je umro ili je napolju. Bolje da ne mislim na njega, samo ponekad sanjam tridesete godine u Buenos Ajresu, vreme učiteljske škole i naravno, odjednom smo tu Nito i ja one noći kad smo se uvukli u školu, ja se kasnije snova ne sećam baš mnogo, ali nešto od Nita kao da stalno lebdi u vazduhu, činim šta mogu kako bih zaboravio, bolje da ponovo izbledi do sledećeg sna, mada se tu ne može ništa, svako malo se to dešava, svako malo se sve vraća kao sad.

Na ideju da se uveče ušunjamo u mučiteljsku školu (tako smo govorili iz zafrkancije i iz drugih čvršćih razloga) došao je Nito, i dobro se sećam da je to bilo u La Perli na trgu Onse dok smo pili ćincano sa biterom. Moj prvi komentar sastojao se u tome što sam mu rekao da mu je logika jača negoli u kokoške, uprkoščemu – tako smo pisali u to vreme, raspravopisujući jezik iz neke želje za osvetom koja je takođe imala veze sa školom – Nito je dodijao i Bogu i ljudima sa svojom idejom, škola noću pa škola noću, baš bi bio štos da se ušunjamo da istražimo stvar, ama šta ima da istražuješ kad je znamo u prste, Nito, ali mi se ideja ipak sviđala, protivrečio sam mu iz čiste želje za svađom, puštao sam ga da polako skuplja poene.

U jednom trenutku počeo sam elegantno da popuštam, jer ni ja nisam baš bio ubeđen da školu znamo u prste, mada smo tamo bili već šest i po godina pod jarmom, četiri da završimo za učitelje i skoro tri za profesore književnosti, trpeli smo tako neverovatne predmete kao što su Nervni sistem, Pravila ishrane i Španska književnost, ovaj poslednji je bio najneverovatniji jer u trećem semestru nismo stigli niti ćemo ikada stići dalje od junačkoga srednjeg veka. Možda je Nitu i meni zato, zbog načina na koji smo gubili vreme, škola izgledala nekako čudna, imali smo utisak da nedostaje nešto što bismo voleli bolje da upoznamo. Ne znam, mislim da je bilo i nečega drugog, barem za mene škola nije bila tako učiteljska kao što je to htelo da kaže njeno ime, znam da je Nito mislio isto i rekao mi je to u vreme kada smo se tek upoznavali, onih davnih dana na prvoj godini punoj stidljivosti, svezaka i kompasa. Nismo više razgovarali o tome posle toliko godina, ali tog jutra u La Perli osetio sam kao da Nitov plan potiče otuda i da me zato polako osvaja; kao da smo pre nego što završimo godinu i zauvek okrenemo leđa školi morali da izravnamo još jedan račun sa njom, da do kraja shvatimo stvari koje su nam izmicale, onu neprijatnost koju smo Nito i ja osećali s vremena na vreme u dvorištu ili na stepenicama, a ja naročito svakog jutra kad bih video rešetke na ulazu, blag grč u stomaku od prvog dana čim bih prošao kroz tu kapiju sa rešetkama i šiljcima iza koje se otvaralo raskošno predvorje i počinjali hodnici u žućkastim bojama i sa dvostrukim stepeništima.

– Kad smo već kod rešetaka, treba da sačekamo do ponoći – rekao je Nito – pa da se popnemo tamo gde sam video dva savijena šiljka, ako tamo stavimo pončo biće više nego dovoljno.

– Mačji kašalj – rekao sam ja – a baš onda se pojavi pub na ćošku ili neka baba od prekoputa počne da vrišti.

– Previše ideš u bioskop, Toto. Kad si ti nekoga video tamo u to doba? Ponoć je tiha, sve usnulo je, stari moj.

Polako sam puštao da me savlada iskušenje, sigurno je to budalaština i ništa se neće desiti ni napolju ni unutra, škola će biti ona ista škola kakva je i izjutra, malkice, frankenštajnovska u mraku, ako baš hoćeš, ali to je sve, čega bi tamo moglo biti noću osim klupa i tabli i poneke mačke u potrazi za miševima, jer toga je sigurno bilo. Ali Nito je terao svoje sa pončom i gasnom lampom, moram reći da smo se poprilično dosađivali u to doba kada su mnoge devojčice njihove mame i tate još uvek zaključavale iza dvostrukih brava, vremenima koja su morala biti prilično stroga, nismo previše voleli igranke ni fudbal, preko dana smo čitali kao ludi ali smo noću obojica lunjali – ponekad sa Fernandes Lopesom, koji je umro tako mlad – i upoznavali Buenos Ajres i knjige Kastelnuova i kafane u lučkom delu grada i na južnom doku, na kraju krajeva, nije bilo tako nelogično što smo hteli da uđemo i u školu usred noći, to bi značilo da upotpunimo nešto nepotpuno, nešto što bismo čuvali u tajnosti a izjutra bismo posmatrali dečake i gledali ih s visoka dok oni, jadnici, prate svoj raspored časova i junačke spevove od osam do podne.

Nito je bio rešen, ako ja ne budem hteo sa njim preskočiće sam jedne subote uveče, objasnio mi je da je izabrao subotu zato što će, u slučaju da nešto pođe naopako pa ostane zatvoren, imati vremena da pronađe neki drugi izlaz. Već godinama ga je proganjala ta zamisao, možda još od prvog dana, kada je škola bila nepoznat svet a mi dečaci sa prve godine ostajali dole u dvorištima, blizu učionice, kao pilići. Polako smo išli sve dalje kroz hodnike i preko stepenica sve dok nismo stekli predstavu o ogromnoj žućkastoj kutiji za cipele sa njenim stubovima, mermerom i onim mirisom na sapun pomešanim sa bukom za vreme odmora i brujanjem za vreme časova, ali to upoznavanje nije nam potpuno oduzelo ono što je škola imala kao jednu drugačiju oblast, uprkos navici, drugovima, matematici. Nito se sećao košmara u kojima su se stvari koje bi naglo

buđenje odmah izbrisalo događale u školskim hodnici-
ma, u učionici treće godine, na mermernom stepeništu;
uvek noću, razume se, uvek on sam u noću skamenjenoj
školi, što Nito ne bi uspevao da zaboravi sledećeg jutra,
među stotinama dečaka i sred vike. Ja, naprotiv, nikada
nisam sanjao školu, ali sam ipak sam sebe zaticao u raz-
mišljanju o tome kakva li je na punom mesecu, kakva su
dvorišta u prizemlju, kakvi hodnici na spratovima, za-
mišljao sam neku svetlost srebrnastu kao živa u pustim
dvorištima, neumoljivu senku stubova. Ponekad bih za-
tekao Nita za vreme odmora kako, izdvojen od ostalih,
gleda gore na hodnike gde su se kroz ograde na stepe-
ništu mogla videti okrnjena tela, glave i trupovi koji
prolaze s jedne na drugu stranu, a nešto niže pantalone
i cipele koje nisu uvek izgledale kao da pripadaju istom
učeniku. Ako bih morao sam da se popnem uz velike
mermerne stepenice, dok su svi bili na času, osećao bih
se nekako napušten, penjao bih se ili spuštao pre-
skačući dva po dva stepenika i čini mi se da bih baš zbog
toga nekoliko dana kasnije ponovo tražio dozvolu da
izađem sa časa kako bih još jednom prošao istim putem
sa izrazom na licu kao da idem po kredu ili u kupatilo.
Bilo je to kao na filmu, neko idiotsko uživanje u pauzi, i
zato mislim da sam se tako slabo branio od Nitovog pla-
na, od njegove ideje da ode i suoči se sa školom; nikada
mi ne bi palo na pamet da se uvlačim tamo noću, ali je
Nito mislio za obojicu i to je bilo u redu, zaslužili smo
taj drugi ćincano koji nismo popili jer nismo imali do-
voljno para.
    Pripreme su bile jednostavne, dokopao sam se neke
gasne lampe a Nito me je sačekao na trgu Onse sa
pončom smotanim ispod ruke; poslednjih dana te nede-
lje počinjale su vrućine ali na trgu nije bilo puno sveta,
skrenuli smo u ulicu Urkisa skoro bez reči i kad smo se
našli u blizini škole osvrnuo sam se, Nito je bio u pravu,
nema ni mačke da nas vidi. Tek tada sam primetio da je
izašao mesec, nismo to namerno hteli ali ne znam da li

nam se dopalo, mada je to imalo svojih dobrih strana, možemo da prolazimo hodnicima ne paleći lampu.

Obišli smo oko čitavog bloka da bismo bili sasvim sigurni, razgovarajući o direktoru koji je živeo u kući koja se naslanjala na školu i bila povezana sa njom prolazom na gornjim spratovima kako bi mogao da uđe pravo u svoj kabinet. Poslužitelji nisu tu živeli a bili smo sigurni da noćnih čuvara nije bilo, šta bi i mogli da čuvaju u školi u kojoj nije bilo ničega vrednog, kostur je bio napola raspadnut, geografske karte u dronjcima, sekretarijat sa dve-tri pisaće mašine koje su ličile na pterodaktile. Nitu je palo na um da bi moglo biti nečega vrednog u direktorovom kabinetu, već smo ga jednom videli kako ga zaključava polazeći na svoj čas matematike iako je škola bila prepuna sveta, ili možda baš zato. Direktor, poznatiji kao Hromi, nije se sviđao ni Nitu ni meni niti ikome; manje je razlog bilo to što je bio strog i što je sipao opomene i isključenja zbog svake sitnice, a više nešto na njegovom licu kao u punjene ptice, u načinu na koji bi prilazio a da ga niko ne primeti i provirivao u učionice kao da je osuda već unapred izrečena. Jedan ili dva profesora koji su nam bili prijatelji (profesor muzičkog, koji nam je pričao masne priče, i profesor nervnog sistema koji je shvatao koliko je glupo to predavati na studijama književnosti) rekli su nam da Hromi ne samo što je ubeđeni neženja, nego je i agresivni ženomrzac, pa iz tog razloga u školi nije bilo ni jedne jedine profesorke. Ali baš te godine mora biti da mu je ministarstvo stavilo do znanja da sve ima svoje granice, jer su nam poslali gospođicu Magi koja je predavala organsku hemiju studentima prirodnih nauka. Sirotica je uvek stizala u školu sa skoro uplašenim izrazom lica, Nito i ja zamišljali smo grimasu koju bi napravio Hromi kada bi je sretao u zbornici. Sirota gospođica Magi među stotinama muškaraca, pokazuje formulu glicerina robijašima sa sedme godine prirodnih nauka.

– Sad – reče Nito.

Skoro da sam stavio ruku na jedan šiljak, ali uspeo sam lepo da preskočim, prvo što je trebalo da uradim bilo je da se sagnem za slučaj da nekom padne na pamet da pogleda sa prozora naspramne kuće, zatim da dopuzim do zaklona ispod poprsja Van Gelderena, Holanđanina, osnivača škole. Kad smo stigli do predvorja bili smo malo uzdrmani od tolikog pentranja i dobili smo napad histeričnog smeha. Nito je ostavio pončo sakriven u podnožju jednog stuba, pa smo krenuli desno idući hodnikom koji vodi do prvog skretanja iza kojeg su počinjale stepenice. Miris škole pojačavao se na vrućini, čudno je bilo videti zatvorene učionice pa smo probali da otvorimo neka vrata; naravno, poslužitelji ih nisu zaključali pa smo na trenutak ušli u učionicu u kojoj smo šest godina ranije započeli studije.

– Ja sam sedeo ovde.

– A ja pozadi, ne sećam se da li onde ili još desno.

– Vidi, ostavili su jedan globus.

– Sećaš li se Gacana, onog što nikad nije umeo da nađe Afriku?

Došlo nam je da uzmemo krede i da ostavimo crteže na tabli, ali Nito je osetio da nije došao da se igra, ili da je igranje način da se ne prizna kako nas tišina previše steže, kao odjek neke muzike što jedva treperi u kutiji koju pravi stepenište; čuli smo i kočnice nekog tramvaja, posle toga ništa. Mogli smo da se popnemo i bez lampe, mermer kao da je primao mesečinu pravo na sebe, mada ga je gornji sprat razdvajao od nje. Nito je stao na sred stepeništa da mi ponudi cigaretu i da i sam zapali; uvek je birao najbesmislenije trenutke da počne da puši.

Odozgo smo pogledali na dvorište u prizemlju, glupavo četvrtasto kao i skoro sve u školi, uključujući i predavanja. Produžili smo hodnikom koji je obilazio oko njega, ušli smo u jednu ili dve učionice i stigli do prvog zavijutka gde se nalazila laboratorija; nju poslužitelji jesu zaključali, kao da bi neko mogao doći da pokrade izgrebane epruvete i mikroskop iz doba Galileja. Iz drugog hodnika videli smo kako mesečina pada pravo na hodnik na suprotnoj strani, gde se nalazio sekretarijat, zbornica i kabinet Hromog. Ja sam se prvi bacio na pod a Nito trenutak kasnije, jer smo u istom trenutku videli svetla u zbornici.

– U vražju mater, nekog ima ovde.

– Da brišemo, Nito.

– Ček', ček', možda su poslužitelji ostavili upaljeno.

Ne znam koliko je vremena prošlo, ali sada smo shvatili da muzika dopire odande, činilo nam se da je isto onako udaljena kao i na stepeništu ali smo osećali da dopire iz hodnika na suprotnoj strani, nešto kao muzika kamernog orkestra čiji svi instrumenti imaju prigušivače. To je bilo toliko nezamislivo da smo zaboravili na strah, ili je strah zaboravio na nas, odjednom se našao još neki razlog da budemo tu osim Nitove puke romantičnosti. Pogledali smo se bez reči, a on je produžio četvoronoške, priljubljen uz gelender, sve dok nije stigao do zavijutka ka trećem hodniku. Smrad mokraće iz obližnjih klozeta kao i uvek bio je jači od udruženih napora poslužitelja i amonijaka. Kad smo se dovukli do vrata naše učionice, Nito se okrenuo i dao mi znak da priđem bliže: – Da vidimo?

Klimnuo sam glavom, jer je u tom trenutku jedino razumno bilo da budemo ludi, pa smo nastavili da puzimo dok nas je mesečina sve više odavala. Skoro da se nisam iznenadio kad je Nito ustao, fatalista, na manje od pet metara od poslednjeg hodnika gde su jedva pritvorena vrata na sekretarijatu i zbornici propuštala svetlost. Muzika se iznenada pojačala, ili je to bilo zbog manjeg odstojanja; začuli smo žamor glasova, smeh, kucanje čaša. Prvi koga smo videli bio je Raguci, jedan sa sedme godine prirodnih nauka, šampion u atletici i veliko đubre, od onih koji sebi krče put na mišiće i uz manguspluke. Bio nam je okrenut leđima, skoro naslonjen na vrata, ali se odjednom odmakao i svetlost je ule-

86

tela kao bič koji su sekle pokretne senke, ritam muzike i dva para koja su prošla igrajući. Gomes, koga ja nisam nešto mnogo poznavao, igrao je kao neka prevejana ženturača, a onaj drugi je mogao biti Kurčin, sa pete godine književnosti, omalen sa licem kao u praseta i sa naočarima, prigrlio je neku ženu kao zift crne kose u dugačkoj haljini sa bisernim ogrlicama. Sve se to događalo tamo, gledali smo i slušali, ali naravno da to nije bilo moguće, skoro da je bilo nemoguće da osetimo neku ruku koja se polako spušta na naša ramena, ne pritiskajući.

– Vi ište požvani – rekao je poslužitelj Manolo – al' kad šte već tu, ulažite i ne pravite še ludi.

Dvostruki udarac nas je skoro bacio na drugi par koji je igrao, stali smo kao ukopani i po prvi put videli čitavu grupu, nekih osam ili deset ljudi, gramofon i mali Laranjaga koji se brinuo za ploče, sto pretvoren u bar, prigušena svetla, lica koja su počela da nas prepoznaju bez iznenađenja, mora biti da su svi pomislili da smo pozvani, čak nam je i Laranjaga dao znak dobrodošlice. Kao i uvek Nito je bio brži, u tri koraka se našao uz jedan od zidova sa strane a ja sam se prilepio uz njega, zbili smo se uza zid kao bubašvabe i stvarno progledali, počeli da prihvatamo to što se tu dešavalo. Sa tom svetlošću i tim ljudima zbornica je izgledala duplo veća, bile su tu zelene zavese koje ja nikada nisam primećivao kada bih preko dana prošao hodnikom i bacio pogled u profesorsku salu da vidim da li je stigao Migoja, naš strah i trepet sa časova logike. Sve je izgledalo kao u nekom klubu, nešto što se organizuje subotom uveče, čaše i pepeljare, gramofon i lampe koje su osvetljavale samo ono neophodno, stvarajući zatamnjene prostore što su obavijali salu.

Ko zna koliko mi je vremena trebalo da na ono što nam se dešavalo primenim nešto od logike kojoj nas je učio Migoja, ali Nito je uvek bio brži, letimičan pogled bio mu je dovoljan da prepozna druge učenike i profesora Iriartea, da shvati da su žene prerušeni dečaci, Perone i Masijas i još jedan sa sedme godine prirodnih nauka, nije mogao da mu se seti imena. Dvojica-trojica bili su pod maskama, jedan od njih odeven kao Havajka, i sviđalo mu se, ako je suditi po tome kako je uvijao bokovima oko Iriartea. Poslužitelj Fernando je bio zadužen za bar, skoro svi su imali čaše u rukama, sad je počeo neki tango koji svira Lomutov orkestar, parovi su se spajali, preostali dečaci igrali su jedni sa drugima, i nisam se previše iznenadio kad me je Nito dohvatio oko struka i pogurao ka sredini.

– Ako ostanemo ovde ukipljeni nagrabusili smo – rekao mi je. – Nemoj da me gaziš, nesrećniče.

– Ne znam da igram – rekao sam mu, mada je on igrao gore nego ja. Bili smo usred tanga i Nito je s vremena na vreme pogledao ka pritvorenim vratima, polako me je vodio kako bi iskoristio prvu priliku da šmugnemo ali je shvatio da je poslužitelj Manolo još tamo, vratili smo se na sredinu pa smo čak pokušali i da izmenjamo šale sa Kurčinom i Gomesom koji su igrali zajedno. Niko nije primetio da se otvaraju dvokrilna vrata koja vode u predsoblje kabineta Hromog, no mali Laranjaga je u trenutku zaustavio ploču i svi smo pogledali, osetio sam kako Nitova ruka drhti oko mog struka pre nego što me je odjednom pustila.

U svemu sam spor, Nito je već bio shvatio kad sam ja počeo da otkrivam kako su dve žene koje stoje na vratima držeći se za ruke Hromi i gospođica Magi. Maska koju je nosio Hromi bila je toliko napadna da su dvojica-trojica stidljivo zapljeskala, ali je posle nastao tajac bljutav kao slojanjena supa, nešto kao rupa u vremenu. Ja sam video travestite u kabareima u luci, ali nikada nešto takvo, riđa perika, trepavice od pet santimetara, gumene grudi koje su podrhtavale ispod bluze boje lososa, plisirana suknja i štikle tanke kao igle. Ruke su mu bile pune narukvica, depilirane i izbeljene šake, prstenje kao da se šetalo po njegovim gipkim prstima, sad je pustio ruku gospođice Magi i uz jedan beskrajno ženskasti pokret se naklonio da je predstavi i propusti unutra. Nito se pitao zašto gospođica Magi i dalje liči na samu sebe uprkos crvenoj perici, kosi zategnutoj pozadi, uprkos telu stegnutom u dugačku belu haljinu. Njeno lice jedva da je bilo našminkano, možda su obrve bile malo više iscrtane, ali bilo je to lice gospođice Magi, a ne nešto nalik na voćnu tortu kakvo je bilo lice Hromog sa maskarom i rumenilom i riđim šiškama. Oboje su prošli pozdravljajući pomalo hladno i skoro snishodljivo, Hromi nas je pogledao možda iznenađeno, ali se taj pogled pretvorio u rasejano prihvatanje, kao da mu je neko već dojavio.

– Nije primetio, čoveče – rekao sam Nitu najtiše što sam mogao.

– Đavola – rekao je Nito – zar misliš da ne vidi da smo za ovo mesto obučeni kao robijaši.

Bio je u pravu, obukli smo stare pantalone zbog kapije s rešetkama, ja sam bio samo u košulji, a Nito je imao tanak pulover na kojem je jedan rukav bio pocepan na laktu. Ali Hromi je već tražio čašicu ne previše jakog pića, naručio je od poslužitelja Fernanda pokretima hirovite kurve, dok je gospođica Magi htela viski hladniji od glasa kojim je to saopštila poslužitelju. Počeo je još jedan tango i svi su zaigrali, nas dvojica prvi od silnog straha a pridošlice zajedno sa ostalima, gospođica Magi je držala Hromog oko struka kao poigravajući se. Nito je želeo da se približi Kurčinu da bi pokušao da izvuče iz njega nešto, sa Kurčinom smo se više družili nego sa ostalima, ali to je bilo teško u trenutku kada su se parovi mimoilazili ne dotičući se i nikada nije dugo ostajalo slobodnog prostora. Vrata koja su vodila u čekaonicu kod Hromog i dalje su bila otvorena, i kad smo im prišli prilikom jednog okreta, Nito je video da su i vrata kabineta otvorena i da i tamo ima ljudi koji su razgovarali i pili. Izdaleka smo prepoznali Fjorija, onog daveža sa šeste godine književnosti, preobučenog u oficira, a verovatno je ona crnka sa kosom što joj pada preko lica i uzanih kukova bio Moreira, sa pete godine književnosti, za koga se pričalo da je onakav.

Fjori nam je prišao pre nego što smo mogli da mu umaknemo, u uniformi je izgledao mnogo starije i Nitu se učinilo da mu vidi sede na dobro zalizanoj kosi, jer je stavio talk da bude uglađeniji.

– Novi, a? – rekao je Fjori. – Svratili ste već do oftamologije?

Odgovor nam je morao biti ispisan na licu i Fjori se zagledao u nas na trenutak, sve više smo se osećali kao regruti pred nekim drugarski raspoloženim poručnikom.

– Ovuda – rekao je Fjori, pokazujući bradom na jedna otškrinuta vrata. – Na sledećem sastanku mi donesite potvrde.

– Razumemo – rekao je Nito, gurajući me svom snagom. Voleo bih da sam mu prebacio zbog onog lakejskog razumem, ali nam se Moreira (sad jeste, sad je to sigurno bio Moreira) prišljamčio pre nego što smo stigli do vrata i uhvatio me za ruku.

– Dođi da igramo u drugoj sobi, plavušane, ovde su tako dosadni.

– Kasnije – rekao je Nito umesto mene. – Odmah se vraćamo.

– Ah, svi me večeras ostavljaju samu.

Ušao sam prvi, provukavši se, ne znam zašto, umesto da lepo otvorim vrata. Ali razlozi su nam u tom trenutku već uveliko nedostajali. Nito, koji je za mnom išao ćutke, posmatrao je dugačko predvorje u pomrčini, i to je ponovo bio ko zna koji od košmara koje je sanjao o školi, tamo gde nikada nije bilo nikakvog zašto, gde se samo moglo ići dalje, a jedini mogući razlog bilo je to što nam je tako naredio Fjori, onaj kreten obučen kao vojnik, koji se odjednom pojavio uz sve ostalo i izdao nam zapovest koja je važila kao čista zapovest kojoj smo se morali pokoriti, a kad ti oficir zapovedi, hajde traži od njega objašnjenja. Ali ovo nije bio košmar, ja sam bio pored njega a košmari se ne sanjaju udvoje.

– Da brišemo, Nito – rekao sam mu kad smo došli do predvorja. – Neki izlaz mora da postoji, ovo nije moguće.

– Dobro, ali sačekaj, nešto mi govori da nas čekaju.

– Nema nikoga, Nito.

– Baš zato, mamlaze.

– Ama Nito, čekaj malo, da stanemo ovde. Ja moram da shvatim šta se događa, zar ne vidiš da...

– Gledaj – rekao je Nito, i tačno, vrata kroz koja smo prošli sada su bila širom otvorena i jasno se videla Fjorijeva uniforma. Nije bilo nikakvog razloga da poslušamo Fjorija, mogli smo naprosto da ga ponovo odgurnemo kao što smo se toliko puta na odmoru gurali u šali ili zaozbiljno. Nije bilo nikakvog razloga ni za to što smo produžili dalje sve dok nismo ugledali dvoja zatvorena vrata, jedna bočna a druga pravo ispred nas, niti za to da Nito uđe kroz jedna i da prekasno shvati da ja nisam sa njim, da sam glupavo ušao na druga vrata greškom ili iz čiste zafrkancije. Nikako nije mogao da se okrene i da izađe da me potraži, ljubičasto svetlo u salonu i lica koja su ga posmatrala smesta su ga prikovali za to mesto koje je obuhvatio jednim pogledom, salon sa ogromnim akvarijumom na sredini čija providna kocka se dizala do plafona jedva ostavljajući mesta za one koji su priljubljeni uz stakla gledali zelenkastu vodu, ribe koje lagano klize, sve u tišini koja je bila kao još jedan, spoljašnji akvarijum, okamenjena sadašnjost sa muškarcima i ženama (koje su bile muškarci koji su bili žene) što su se priljubljivali uz stakla, i Nito je sebi govorio, sad, sad se vrati nazad, Toto, budalo jedna, gde li si se zavukao, mamlaze, hteo je da se okrene i da pobegne, ali od čega kad se ništa nije dešavalo, ako je stajao nepomičan kao i oni i gledao ih kako posmatraju ribe, i prepoznao Mutisa, Prasicu Delusiju, još neke sa šeste godine književnosti, pitajući se zašto oni a ne neki dru-

91

gi, kao što se već upitao zašto tipovi kao što su Raguci i Fjori i Moreira, zašto baš oni koji nisu naši drugovi preko dana, čudaci i seratori, zašto oni a ne Laines ili Delič ili bilo ko od drugova u ćaskanju ili landranju ili kovanju planova, otkud onda Toto i on među ovima mada su sami krivi što su se noću zavlačili u školu i ta krivica ih je spojila sa svima onima koje preko dana nisu mogli da podnesu, najgora đubrad u školi, a da i ne pominjemo Hromog i onog dupeuvlaku Iriartea, pa čak i gospođica Magi je bila tamo, ko bi to rekao, ali bila je i ona, jedina prava žena među tolikim pederima i nesrećnicima.

Onda je zalajao pas, nije to bio jak lavež ali je razbio tišinu i svi su se okrenuli prema nevidljivom dnu salona, Nito je video kako iz ljubičaste magle izlazi Kaleti, jedan sa pete godine prirodnih nauka, visoko podignutih ruku dolazio je od pozadi kao da klizi između ostalih, držeći iznad glave belo kučence koje je ponovo zalajalo otimajući se, šape su mu bile vezane crvenom trakom a na traci je visilo nešto nalik na komad olova, nešto što ga je polako potopilo u akvarijum u koji ga je Koleti bacio jednim zamahom, Nito je gledao kako se pas polako spušta trzajući se, pokušavajući da oslobodi šape i da se vrati na površinu, video je kako je počeo da se davi razjapljene čeljusti i ispuštajući mehuriće, ali pre nego što se udavio ribe su ga već grizle, otkidale mu parčiće kože, bojile vodu u crveno, oblak je postajao sve gušći oko psa koji se još batrgao u ključaloj masi od riba i krvi.

Sve to ja nisam mogao da vidim jer iza vrata koja su se, kako mi se čini, sama zatvorila, bio je jedino mrak, ostao sam ukočen ne znajući šta da radim, pozadi se nije čulo ništa, pa gde je onda, gde je onda Nito. Da koraknem napred u tamu ili da ostanem tu prikovan, podjednako strašno, odjednom neki miris, miris sredstva za čišćenje, bolnice, operacije slepog creva, skoro i ne primećujući da su oči počele da mi se navikavaju na mrak i da to i nije mrak, tamo pozadi bilo je jedno ili dva svetla, jedno zeleno, a iza jedno žuto, obrisi nekog ormara i fotelje, još jedan obris koji se polako pomerao prilazeći odnekud iz još veće daljine.

– Dođite, sinko – rekao je glas. – Dođite ovamo, ne bojte se.

Ne znam kako sam uspeo da se pomaknem, vazduh i pod bili su kao jedan te isti sunđerast tepih, fotelja sa hromiranim polugama i staklenim aparatima i svetlima; plava zalizana perika i bela haljina gospođice Magi nejasno su se presijavale. Neka ruka me je uhvatila za rame i gurnula me napred, druga ruka se naslonila na moje teme i prinudila me da sednem u fotelju, na čelu sam osetio hladnoću stakla dok mi je gospođica Magi nameštala glavu između dva držača. Skoro uz same uči videh kako se sija neka beličasta kugla sa sićušnom crvenom tačkom u sredini, i osetio sam dodir kolena gospođice Magi koja je sela u fotelju sa suprotne strane staklene skalamerije. Počela je da pomera poluge i točkove, još više mi stegla glavu, svetlo se menjalo u zeleno i vraćalo u belo, crvena tačka je rasla i pomerala se sa jedne na drugu stranu, koliko sam mogao da vidim iznad sebe nazirao sam kao neki odsjaj plavu kosu gospođice Magi, naša lica jedva da je razdvajalo staklo sa svetlima i neka cev kroz koju mora biti da me je ona gledala.

– Budi miran i ne skreći pogled sa crvene tačke – rekla je gospođica Magi. – Vidiš li je dobro?

– Da, ali...

– Ne pričaj, budi miran, tako. Sad mi kaži kad više ne budeš video crvenu tačku.

Šta ja znam da li sam je video ili nisam, ćutao sam dok je ona i dalje gledala sa druge strane, odjednom sam shvatio da sam osim svetla na sredini video i oči gospođice Magi iza stakla na aparatu, oči su joj bile smeđe a iznad je i dalje lelujao nejasan odsjaj plave perike. Prošao je jedan beskrajno kratak trenutak, čuo se nekakav uzdah, pomislio sam da sam to ja, ko zna šta sam pomislio dok su se svetla malo pomalo menjala, sažimala se u crvenkasti trougao sa ljubičastim ivicama, ali možda nisam ja bio taj koji je disao praveći onaj šum.

– Još vidiš crveno svetlo?

– Ne, ne vidim ga, ali mi se čini da...

– Ne mrdaj, ne pričaj. Sad dobro gledaj.

Neki dah dopirao je do mene sa druge strane, topao miris koji je dopirao na mahove, trougao je počeo da se pretvara u niz naporednih linija, belih i plavih, bolela me je brada stegnuta gumenim držačem, želeo sam da podignem glavu i da se oslobodim tog kaveza u koji sam osećao da sam vezan, milovanje između butina doprlo je do mene kao iz neke daljine, ruka koja mi se pela između nogu i jedan po jedan pretraživala nabore na pantalonama, zavlačila dva prsta, na kraju me je raskopčala i potražila nešto što se nije dalo uhvatiti, svedeno na žalosnu ništicu sve dok ga prsti nisu obujmili i nežno izvadili iz pantalona, milujući ga polako dok su svetla postajala sve belja i belja i opet se ukazalo crveno središte. Sigurno sam pokušao da se otrgnem jer sam osetio bol na gornjem delu glave i na bradi, nije bilo moguće izaći iz kaveza pritegnutog ili možda zakopčanog od pozadi, miris se vraćao sa dahtanjem, svetla su mi igrala pred očima, sve je išlo tamo-amo zajedno sa rukom gospođice Magi koja me je ispunjavala nekim beskrajnim laganim prepuštanjem.

– Prepusti se – glas je dopirao iz dahtanja, samo dahtanje je bilo to koje mi je govorilo – uživaj, moraš da mi daš makar nekoliko kapi za analize, sad, tako, tako.

Osetio sam dodir neke posude tamo gde je sve bilo zadovoljstvo i bekstvo, ruka je pridržavala i klizila i blago stezala, skoro da nisam ni primetio da pred očima imam samo tamno staklo i da vreme prolazi, sada je gospođica Magi bila iza mene i razvezivala mi kaiševe oko glave. Žuta svetlost me je ošinula dok sam ustajao i zakopčavao se, vrata u dnu i gospođica Magi koja mi po-

kazuje izlaz, posmatra me bezizražajno, ravnog i neza-
interesovanog lica, perike snažno osvetljene žutom
svetlošću. Neko drugi bi se tu odmah bacio na nju, zagr-
lio bi je sada kad više nije bilo nikakvog razloga da je ne
zagrli ili poljubi ili udari, neko kao Fjori ili Raguci, ali
možda niko to ne bi učinio nego bi se vrata za njim za-
tvorila kao i za mojim leđima, sa oštrim udarcem, ostav-
ljajući me u drugom hodniku koji je negde u daljini
skretao i gubio se u sopstvenoj krivini, u samoći u kojoj
je nedostajao Nito, gde sam osetio Nitovo odsustvo kao
nešto nepodnošljivo pa sam potrčao do savijutka, i kada
sam video jedna jedina vrata bacio sam se na njih ali su
ona bila zaključana, zalupao sam u čuo sopstveno lupa-
nje kao neki krik, naslonio sam se na vrata i polako skli-
znuo na kolena, verovatno je to bila slabost, vrtoglavica
posle gospođice Magi. S druge strane vrata do mene je
doprla graja i smeh.

Bogami, tu se smejalo i vikalo na sav glas, neko je
gurnuo Nita kako bi ga naterao da prođe napred iz-
među akvarijuma i zida s leve strane kuda su se svi pro-
vlačili tražeći izlaz, Kaleti je pokazivao put visoko podi-
gnutih ruku, baš onako kako je pokazivao psa kad je
ušao, ostali su išli za njim cičeći i gurajući se, Nito i ne-
ko iza njega ko ga je takođe gurao govoreći mu da je
spavalica i flegma, nije ni prošao kroz vrata a igra je već
počela, prepoznao je Hromog koji je ušao s druge stra-
ne vezanih očiju dok su ga Fernando i Raguci
pridržavali i pazili da se ne spotakne ili ne udari, ostali
su se već posakrivali iza fotelja, u ormaru, ispod kreve-
ta, Kurčin se popeo na jednu stolicu a otuda visoko na
policu, dok su se drugi raštrkali po ogromnom salonu i
čekali na Hromog kako bi mu pobegli na vrhovima pr-
stiju ili su ga dozivali utanjenim glasovima kako bi ga
prevarili, Hromi je izvijao bokove i vikao ruku is-
pruženih u pokušaju da nekoga uhvati, Nito je morao
da pobegne do jednog zida a zatim da se sakrije iza sto-
la sa vazama i knjigama, i kada je Hromi uhvatio malog

Laranjagu uz pobedničku ciku, ostali su izašli tapšući iz svojih skrovišta, i Hromi je skinuo povez i stavio ga Laranjagi, uradio je to grubo i stežući mu oči i premda se mali bunio tako ga osudio da bude onaj koji će morati da ih traži, ćorava baka vezana isto onako krvnički kao što su bile vezane šape belog psića. I ponovo su se razbežali uz smeh i sašaptavanje, profesor Iriarte je poskakivao, Fjori je tražio gde da se sakrije a da ne izgubi svoje ležerno dostojanstvo, Raguci se isprsio dernjajući se na dva metra od malog Laranjage koji se bacio na mesto na kojem nije pronašao ništa osim vazduha, Raguci u jednom skoku van njegovog domašaja viče *Me Tarzan, you Jane,* majmune, mali se zbunjeno okreće oko sebe i traži u praznini, gospođica Magi se pojavila da se zagrli sa Hromim i da se podsmeva Laranjagi, oboje uplašeno vrisnuše kad se mali ustremio na njih a oni izmakli za dlaku njegovim ispruženim rukama, Nito poskoči unazad i vide kako mali hvata za kosu Kurčina koji nije pazio, Kurčinov urlik i Laranjaga skida povez ali ne pušta lovinu, aplauzi i povici, odjednom tajac jer je Hromi podigao ruku i Fjori je pored njega stao u stavu mirno i izdao neku zapovest koju niko nije čuo ali svejedno, Fjorijeva uniforma kao sama zapovest, niko se nije micao, čak ni Kurčin očiju punih suza jer mu je Laranjaga skoro iščupao kosu, držao ga je tu i nije puštao.

– Klip – naredio je Hromi. – Sad klip i karaklip. Teraj.

Laranjaga nije shvatao, ali je Fjori pokazao Kurčinu oštrim pokretom, i onda ga je mali povukao za kosu terajući ga da se sve više savija, ostali su se već poređali u vrstu, žene podvriskujući i skupljajući svoje suknje, prvo Perone a zatim profesor Iriarte, Moreira uz prenemaganje, Kaleti i Prasica Delusija, stroj se otegao do dna salona a Laranjaga je držao Kurčina sagnutog i onda ga odjednom pustio kada je Hromi mahnuo a Fjori naredio: „Skakanje bez udaranja!", Perone je bio prvi a za njim ceo stroj, počeli su da skaču naslanjajući se rukama na Kurčinova leđa pogrbljena kao u praseta, igrali su se trule kobile ali vičući „Klip! „, vičući „Karaklip! „ kad god bi prešli preko Kurčinovih leđa, i vraćali se u red sa druge strane, napravili bi krug po salonu i opet počinjali, Nito skoro na kraju, skačući što je hitrije mogao kako ne bi gnječio Kurčina, zatim je Masijas padao kao vreća, čuo se Hromi koji je povikao „Skači i udri!" i ceo stroj je iznova prešao preko Kurčina, ali je sada svako hteo da ga šutne i udari kad skoči, vrsta se već bila rasturila i svi su okružili Kurčina, raširenih šaka udarali su ga u glavu, u leđa, Nito je podigao ruku kad je video Ragucija kako Kurčinu zadaje prvi udarac nogom u zadnjicu a ovaj se zgrčio i počeo da zapomaže, da moli za oproštaj, ali ne može da se oslobodi od Fjorija, od kiše udaraca rukama i nogama koja ga je zasipala. Kad su Hromi i gospođica Magi istovremeno doviknuli neku zapovest, Fjori je pustio Kurčina koji je pao na bok, krv mu je curila iz usta, iz dna salona dotrčao je poslužitelj Manolo i podigao ga kao da je džak, odneo ga je dok su svi besno aplaudirali a Fjori je prišao Hromom i gospođici Magi kao da hoće nešto da ih pita.

Nito se povlačio unazad sve dok nije ostao na obodu kruga koji se sada nevoljno rasturao, kao da želi da nastavi igru ili da počne neku drugu, odatle je video kako Hromi prstom pokazuje na profesora Iriartea, i na Fjorija koji mu je prišao i rekao mu nešto, usledila je oštra zapovest i svi su počeli da se postrojavaju u obliku pravougaonika, po četvorica u redu, žene pozadi a Raguci kao vođa stroja, besno gledajući Nita koji nikako da nađe mesto u drugom redu. Sve sam to video sasvim jasno kada me je poslužitelj Fernando doveo za ruku pošto me je našao iza zatvorenih vrata i otvorio ih da bi me ubacio unutra jednim zamahom, video sam kako Hromi i gospođica Magi sedaju na sofu stavljenu uza zid, ostali su se postrojili dok su Fjori i Raguci bili na čelu, Nito je, prebledeo, stajao u drugom redu, a profesor Iriarte se obraćao stroju kao na času, pošto je uglađeno pozdravio Hromog i gospođicu Magi, ja sam se izgubio kako sam znao i umeo među ludačama u zadnjim redovima koje su me gledale i sašaptavale se sve dok se profesor Iriarte nije nakašljao pa je nastala mukla tišina koja je trajala ne znam koliko.

– Pristupićemo izricanju deset zapovesti – rekao je profesor Iriarte. – Prvi zavet.

Ja sam gledao u Nita kao da on još može da mi pomogne, sa glupom nadom da će mi pokazati neki izlaz, neka vrata kroz koja ćemo moći da pobegnemo, ali Nito kao da nije primećivao da sam ja tu pozadi, nepomično je zurio u plafon kao i svi ostali, nepomičan kao i svi u ovom trenutku.

Jednolično, skoro slog po slog, stroj je izrekao:

– Iz reda izvire snaga, iz snage izvire red.

– Korolar! – naredio je Iriarte.

– Pokoravaj se da bi naređivao, i naređuj da bi se pokoravao – izdeklamovao je stroj.

Nije bilo vajde od čekanja da se Nito okrene, čak mi se čini da sam video kako se njegove usne miču kao da ponavljaju ono što su drugi deklamovali. Naslonio sam se na zid, neka daska je zaškripala, i jedna od ludača, mislim da je Moreira, pogledala me je uplašeno. „Drugi zavet", naredio je Iriarte kada sam osetio da to nije daska nego vrata koja su polako popuštala dok sam se ja prepuštao nekoj skoro prijatnoj vrtoglavici. „Jao, pa šta ti je, mili", uspeo je da prošapuće Moreira a stroj je već izgovarao rečenicu koju nisam shvatio, okrenuvši se na stranu provukao sam se iza vrata i zatvorio ih, osetio sam pritisak Moreirinih i Masijasovih ruku, hteli su da ih otvore, spustio sam rezu koja je veličanstveno sijala u pomrčini, potrčao sam nekim hodnikom, pa iza zavoja, kroz dve prazne prostorije u mraku, i konačno kroz drugi prolaz koji je vodio pravo u onaj hodnik što izlazi na dvorište nasuprot zbornici. Svega toga se slabo sećam, bio sam samo sopstveno bekstvo, nešto što je trčalo kroz mrak trudeći se da ne pravi buku, klizeći preko pločica sve dok nisam stigao do mermernog stepeništa, sjurio se preskačući po tri stepenika i osetio nešto kao mal' te ne padanje sve do stubova u predvorju gde se nalazio pončo ali i raširene ruke poslužitelja Manola koji mi je prepречio put. Rekao sam već, slabo se sećam svega toga, možda sam mu zario glavu posred stomaka ili sam ga šutnuo u trbuh, pončo mi se zakačio za jedan šiljak na ogradi sa rešetkama, no svejedno sam se uspentrao i skočio, na pločniku je sivelo jutro i neki starac je polako prolazio, prljavo sivilo zore i starac koji se zabuljio u mene sa licem kao u ribe, usta otvorenih da zausti krik koji nije uspeo da pusti.

Čitavog dana u tu nedelju nisam se mrdao iz kuće, na sreću je moja porodica znala kakav sam pa niko nije postavljao pitanja na koja ja ne bih odgovorio, u podne sam telefonom pozvao Nita ali njegova majka mi je rekla da nije tu, popodne sam saznao da se Nito vratio ali je već opet izašao, a kada sam pozvao u deset uveče, njegov brat mi je rekao da ne zna gde je on. Začudio sam se što nije došao kod mene, i kad sam u ponedeljak došao u školu još više me je začudilo što sam ga sreo na ulazu, njega koji je obarao sve rekorde u kašnjenju na časove. Razgovarao je sa Deličem ali se odvojio od njega i prišao mi, pružio mi ruku i ja sam mu je stegao mada je to bilo čudno, toliko je bilo čudno da jedan drugom pružamo ruku kad dođemo u školu. Ali što je to važno kad mi je već sve ono drugo naviralo u mlazovima, za pet minuta koliko je još ostalo do zvona toliko toga je jedan drugome trebalo da kažemo, ali šta si onda ti uradio, kako si pobegao, mene je uhvatio poslužitelj i onda, da, znam, odgovarao mi je Nito, ne uzbuđuj se toliko, Toto, pusti malo mene da pričam. Ama bre... Da, naravno, nije to mačji kašalj. Mačji kašalj, Nito, ma jel' ti to mene zafrkavaš? Smesta moramo da odemo i prijavimo Hromog. Čekaj, čekaj, nemoj toliko da se uzrujavaš, Toto.

To se nastavljalo kao dva monologa koja je svako iz-
govarao za sebe, na neki način ja sam počinjao da shva-
tam da nešto ne ide, da Nito kao da je negde drugde.
Prošao je Moreira i pozdravio nas namignuvši nam, iz-
daleka sam video Prasicu Delusiju kako utrčava, Ragu-
cija u njegovom sportskom sakou, sva ta đubreta stizala
su pomešana sa drugovima, Lainesom i Alermijem koji
su takođe rekli kako je, jeste videli kako je River pobe-
dio, šta sam ti rek'o, burazeru, a Nito me je gledao i po-
navljao ne ovde, ne sada, Toto, kad izađemo razgova-
raćemo u kafeu. Ali gledaj, gledaj, Nito, pogledaj
Kurčina sa glavom u zavojima, ja ne mogu da ćutim,
hajdemo zajedno, Nito, ili ću ja sam, kunem ti se da ću
sad odmah sam da odem. Ne, rekao je Nito, i u toj jedi-
noj reči kao da se čuo neki drugi glas, nećeš sada ići, To-
to, prvo ćemo ti i ja da popričamo.
Bio je to on, razume se, ali kao da ga odjednom više
nisam poznavao. Rekao mi je ne onako kako mi je to
mogao reći Fjori, koji je sad stigao zvižducući, u civilu,
naravno, i pozdravio nas pokroviteljskim osmehom ko-
ji nikada pre nisam video na njemu. Učinilo mi se kao
da se odjednom sve zgušnjava u tome, u Nitovom ne, u
Fjorijevom nezamislivom osmehu; ponovo strah kao
prilikom onog noćnog bekstva, sa stepeništa niz koje
sam se pre strmoglavio nego što sam niz njega sišao, po-
novo raširene ruke poslužitelja Manola između stubo-
va.

– A zašto ne bih išao? – rekao sam besmisleno. – Za-
što ne bih prijavio Hromog, Iriartea, sve njih?

– Zato što je to opasno – rekao je Nito. – Ovde sad
ne možemo da razgovaramo, ali u kafeu ću ti objasniti.
Ja sam ostao duže od tebe, znaš.

– Ali si na kraju i ti pobegao – rekao sam kao da još
postoji neka nada, tražeći ga kao da ne stoji tu preda
mnom.

– Ne, nisam morao da bežim, Toto. Zato ti kažem da
sad ućutiš.

– A što bih te ja slušao? – povikao sam, čini mi se da sam bio na ivici da zaplačem, da ga udarim, da ga zagrlim.

– Zato što je tako bolje za tebe – rekao je onaj Nitov drugi glas. – Zato što nisi tako blesav da ne shvatiš da će te skupo koštati ako otvoriš usta. Sad ne možeš da shvatiš i treba da idemo na čas. Ali opet ti kažem, ako samo pisneš, kajaćeš se čitavog života, ako budeš ostao živ.

Igrao se sa mnom, razume se, nije moguće da mi to govori, ali onaj glas, način na koji mi je govorio, ono ubeđenje i ona stisnuta usta. Kao Raguci, kao Fjori, ono ubeđenje i ona stisnuta usta. Nikada neću saznati o čemu su profesori govorili tog dana, sve vreme sam za leđima osećao Nitov pogled prikovan za mene. Nito takođe nije pratio predavanja, šta sad njega briga za predavanja, za te dimne zavese koje su pravili Hromi i gospođica Magi da bi se ono drugo, ono što je zaista važno, polako izvršilo, baš kao što je za njega polako izgovarano deset zapovesti zaveta, jedna za drugom, sve ono što će jednom početi da se rađa iz pokoravanja deset zapovesti, buduće ispunjenje deset zapovesti, sve ono što je naučio i obećao i zakleo se one noći a što će se jednom ispuniti za dobrobit otadžbine kad kucne čas i kada Hromi i gospođica Magi izdaju zapovest da počne da se izvršava.

ŠTAKORSKI CAR

Kažete jad da je težak

Potrebne su nam takve stvari da bismo znali kuda idemo, kao sad ovo da je *urok at štakoru*, još jedan prizeman i lepljiv palindrom, Losano je uvek bio opčinjen nekim igrama koje on kao da ne vidi na taj način jer mu se sve prikazuje kao ogledalo koje laže a u isto vreme govori istinu, govori istinu Losanu jer mu pokazuje njegovo desno uvo, ali ga istovremeno laže jer će Laura i ko god ga bude pogledao desno uvo videti kao Losanovo levo uvo, iako će ga istovremeno definisati kao njegovo desno uvo; naprosto ga vide s leva, što nijedno ogledalo ne može da uradi, jer nije kadro da učini tu mentalnu ispravku, i zato ogledalo govori Losanu jednu istinu i jednu laž, a to ga već odavno tera da razmišlja kao pred ogledalom; ako mu *urok at štakoru* ne daje ništa drugo, varijante zaslužuju da se o njima razmisli, i onda Losano gleda u zemlju i pušta da se reči igraju same dok ih on čeka kao što lovci iz Kalagaste čekaju divovske štakore da ih ulove žive.

Može on tako satima, premda mu u ovom trenutku konkretno pitanje štakora ne ostavlja previše vremena za gubljenje na moguće varijante. To što je sve ovo skoro namerno nezdravo ne čudi ga, ponekad slegne ramenima kao da hoće da strese sa sebe nešto što ne uspeva da objasni, sa Laurom se navikao da razgovara o štakorima kao da je to najnormalnija stvar što u stvari i jeste, zašto ne bi bilo normalno loviti divovske štakore u Kalagasti, odlaziti sa garavim Iljom i sa Jararaom u lov na pacove. Baš te večeri moraće ponovo da odu do brda na severu jer će uskoro novi utovar pacova pa treba iskoristiti što više, ljudi iz Kalagaste to znaju i odlaze u planine u hajke mada ne prilaze brdima, i štakori to znaju, naravno, pa je sve teže i teže isterati ih iz legla, i naročito, uhvatiti ih žive.

Zbog svega toga Losanu se ne čini nimalo besmisleno što svet u Kalagasti sada živi skoro isključivo od lova na divovske štakore, i baš u trenutku kada je pripremao omče od veoma tanke kože izlete mu palindrom *urok at štakoru* i on ostade sa omčom u ruci, gledajući Lauru kako kuva pevušeći, i misli, palindrom laže i govori istinu kao i svako ogledalo, naravno da bi bilo dobro da atovi ureknu štakore jer je to jedini način da oni ostanu u životu dok ih ne stave u kavez i predaju Porseni koji ređa kaveze u kamion što svakog četvrtka polazi ka obali, gde ga čeka brod. Ali to je i laž, jer nijedan konj nikada nije ukleo divovskog štakora, osim metaforično, vezujući mu oko vrata omču i pritežući ga sve dok ga ne stavi u kavez, uvek sa rukama na pristojnoj razdaljini od krvožedne njuške i od kandži oštrih kao brijači koje mašu po vazduhu. Niko nikada neće baciti urok na štakora, a ponajmanje od ovog poslednjeg punog meseca kada su Ilja, Jarara i ostali osetili kako pacovi imaju novu strategiju, postaju još opasniji jer su nevidljivi i šćućureni u skrovištima koja ranije nisu koristili, i kako će lov na njih postajati sve teži i teži sada kad ih štakori poznaju pa se čak i poigravaju sa njima.

– Još tri-četiri meseca – kaže Losano Lauri, koja stavlja tanjire na sto ispod trema pred kućom. – Posle možemo da pređemo na drugu stranu, stvari izgledaju mirnije.

– Može biti – kaže Laura – u svakom slučaju bolje da ne razmišljamo, koliko nam se puta desilo da se prevarimo.

– Jeste. Ali nećemo zauvek ostati ovde i loviti štako-re.

– Bolje i to nego da pređemo na drugu stranu u ne-vreme pa da mi postanemo štakori za njih.

Losano se smeje, vezuje drugu omču. Istina je da im nije tako loše, Porsena plaća pacove u gotovu i svi žive od toga, dokle bude bilo moguće da ih love biće hrane u Kalagasti, danskoj kompaniji koja šalje brodove na oba-lu potrebno je sve više pacova za Kopenhagen, Porsena misli da zna kako ih koriste za genetičke eksperimente u laboratorijama. Neka makar za to služe, kaže pone-kad Laura.

Iz kolevke koju je Losano napravio od gajbe za pivo stiže prva Lauritina pobuna. Hronometar, zove je Losa-no, brizne u plač tačno u trenutku kada Laura završava spremanje jela i počinje da sprema kašicu. Sa Lauritom skoro da im nije potreban sat, kazuje im vreme bolje od gonga na radiju, kaže kroz smeh Laura, koja je sad uzi-ma u ruke i pokazuje joj kašicu, Laurita se osmehuje sa svojim zelenim očima, patrljak udara po dlanu leve ru-ke praveći se kao da je to doboš, majušna ružičasta pod-laktica završava se glatkom poluloptom od kože; doktor Fuentes (koji nije doktor, ali to je u Kalagasti svejedno) savršeno je obavio posao i skoro da nema ni traga od ožiljka, kao da Laurita tu nikada nije imala šaku, šaku koju su joj pojeli štakori kada su ljudi iz Kalagaste počeli da ih love u zamenu za pare koje su im davali Danci, pa su se štakori povukli sve dok jednog dana ni-je došlo do protivnapada, razbesnelog noćnog upada za kojim su usledila vrtoglava bekstva, otvoren rat, i mno-go ljudi je odustalo od lova na njih da bi se samo brani-li zamkama i puškama, dobar deo je ponovo počeo da gaji mandioku ili da radi po selima u planini. Ali drugi su nastavili da ih love, Porsena je plaćao u gotovu i ka-mion je svakog četvrtka polazio prema obali, Losano mu je prvi rekao da će i dalje loviti štakore, rekao mu je to baš tu u kući dok je Porsena gledao pacova kojeg je

104

Losano ubio udarcima nogu dok je Laura trčala sa Lauritom kod doktora Fuentesa i više ništa nije moglo da se uradi, samo da se odseče ono što je ostalo da visi i da se napravi ovaj savršeni ožiljak kako bi Laurita izmislila svoj doboš, svoju bešumnu igru.

Garavom Ilji ne smeta što se Losano toliko igra rečima, svako je lud na svoj način, misli garavi, ali mu se manje dopada što Losano dopušta da ga to previše ponese i onda hoće da se stvari priklone njegovoj igri, da on i Jarara i Laura pođu za njim tim putem kao što su ga sledili i u tolikim drugim stvarima tokom ovih godina posle bekstva preko gudura na severu, posle pokolja. Ovih godina, misli Ilja, više nismo znali da li su prošle nedelje ili godine, sve je bilo zeleno i neprekidno, prašuma sa sopstvenim vremenom, bez sunca i bez zvezda, a onda klisure, neko crvenkasto vreme, vreme kamena, bujica i gladi, naročito gladi, onda su produžili svih četvoro, isprva svih petoro, ali Rios je poginuo u jednoj klisuri a Laura samo što nije umrla od hladnoće na planini, već je bila u šestom mesecu i brzo se zamarala, morali su da se zadrže bog te pita koliko i da je greju vatrom od suve trave sve dok nije uspela da stane na noge, ponekad garavi Ilja ponovo vidi Losana kako nosi Lauru na rukama a Laura neće, kaže da je u redu, da može da hoda, te nastavljaju ka severu sve do one noći kada su svi četvoro videli sićušna svetla Kalagaste i znali da će za sada sve biti dobro, da će te noći jesti na nekom salašu makar ih posle i prijavili, makar ih pobio prvi helikopter koji naiđe. Ali nisu ih prijavili, tamo čak nisu ni znali da je moglo biti razloga da ih prijavljuju, tamo su svi umirali od gladi kao i oni sve dok neko nije otkrio divovske štakore tamo negde ispod brda, pa je Porsena došao na ideju da pošalje uzorak na obalu.

– *Urok at štakoru* je samo *urok at štakoru* – kaže Losano. – Nema nikakvu snagu zato što te ne uči ničemu novom i zato što uostalom niko i ne može da baci urok na štakora. Sve ostaje kako je i bilo, to je zajebano kod palindroma.

– Aha – kaže garavi Ilja.

– Ali ako dodaš ime konja, sve se menja. *Urok at Šarac pacovu* nije isto što i *urok at štakoru.*

– Ne izgleda mi baš različito.

– Zato što to više nije palindrom – kaže Losano. – Kad se čita naopačke, sve se menja, stvori se nešto novo, to više nije ogledalo ili jeste ogledalo ali na drugi način, pokazuje ti nešto što nisi znao.

– Šta tu ima novo?

– Ima to što ti *urok at Šarac pacovu* daje *uvo cap, cara štakoru.*

– Šarac? Cara štakoru?

– Šarac je ime, ali svako ime izdvaja i određuje. Osim toga, sad znaš da pacov koji odgrize uvo, postaje car štakora. Svi su štakori valjda isti, sigurno su isti, ali sad postoji jedan koji je njihov car.

– I šta dobijaš time što to znaš?

– Ni to ne znam, ali idem dalje. Sinoć sam pomislio da pročešljam tu stvar, da probam da ga vežem umesto da bacam urok. A čim sam pomislio na to, setio sam se i da treba da ga stavim u lavirint umesto ispred ogledala, da napravim anagram umesto palindroma, i video sam: *a zavet i trošak?* Nove stvari, vidiš, umesto *vezati pacova,* zavet i trošak.

– Nisu baš tako nove – kaže Jarara koji sluša poizdalje – osim što uvek idu zajedno.

– Može biti – kaže Losano – ali ukazuju na put, možda je to jedini način da ih istrebimo.

– Nemoj tako brzo da ih trebimo – smeje se Ilja – od čega ćemo živeti ako ih nestane?

Laura donosi prvi mate i čeka, oslanjajući se malo na Losanovo rame. Garavi Ilja ponovo misli kako se Losano previše igra rečima, kako će jednom potpuno da se okrene naopačke, i tada će sve otići dođavola.

I Losano o tome misli dok priprema omče od kože, kada ostane sam sa Laurom i Lauritom govori im o tome, govori im obema kao da Laurita može da shvati, a Lauri se sviđa što uključuje i njihovu ćerku, što su sve troje bliži dok im Losano govori o caru štakora ili o tome kako se treba zavetovati da bi se uništili pacovi.

– Da stvarno bacimo urok – smeje se Losano. – Zar to nije čudno, gledaj, prvi palindrom koji sam čuo u životu takođe je govorio o nekom ko je uklet, ne znam tačno ko, možda je već to bio car štakora. Pročitao sam ga u jednoj priči u kojoj je bilo mnogo palindroma ali samo ovog se sećam.

– Rekao si mi jednom u Mendosi, čini mi se, zaboravila sam.

– *Kain ubi i buni. Ako.* – izgovara Losano ritmično, skoro pevajući za Lauritu, koja se smeje u kolevci i igra se svojim belim pončom.

Laura klima glavom, tačno je da je već u tom palindromu neko uklet, ali da bi ga ubili, moraju to da traže ništa manje nego od Kaina. Pa kao da je i to malo, govore mu ako, neka si to uradio.

– Tjah – kaže Losano – večita priča, stara dobra savest, koja se povlači kroz istoriju od vajkada, Avelj dobri i Kain zli, kao u starim kaubojskim filmovima.

– Mladić i zlikovac – seća se Laura skoro sa setom.

– Razume se, da se kojim slučajem izumitelj tog palindroma zvao Bodler, ono buni ne bi bilo negativno, nego baš naprotiv. Sećaš li se?

– Malo – kaže Laura. – Aveljev rode, spi, pij i jedi, Bog ti se smeši sa visoka.

– Kainov rode, u ljutoj bedi, puzi i crkni kao stoka.

– Da, a na jednom mestu kaže nešto kao Aveljev rode, svojom strvi gnojićeš zemlju koja se puši, a posle kaže, Kainov rode, vučeš se žalno putevima u propadanje, tako nešto.

– Sve dok štakori ne proždru tvoju decu – izgovara Losano skoro bez glasa.

Laura sklanja lice u ruke, već odavno je naučila da plače u tišini, zna da Losano neće pokušati da je uteši, Laurita hoće, jer njoj je taj pokret zabavan i ona se smeje sve dok Laura ne spusti ruke i ne namigne joj saučesnički. Već se polako bliži vreme za mate.

Jarara misli da je garavi Ilja u pravu i da će jednom Losanovo ludilo prekinuti ovo primirje tokom kojeg su barem na sigurnom, barem žive sa ljudima iz Kalagaste i ostaju tu jer se ne može ništa drugo, čekaju da vreme malo potisne njihove uspomene na drugu stranu, a da i oni sa druge strane polako pozaboravljaju kako nisu mogli da ih uhvate, kako su oni u nekom zabačenom budžaku živi i zato krivi, zato su im ucenjene glave, čak i onom sirotom Ruisu što se strmoglavio niz liticu pre toliko vremena.

– Samo mu ne treba ići na ruku – razmišlja naglas Ilja. – Ja ne znam, za mene je on bio i ostao vođa, ima ono nešto, razumeš, ne znam šta, ali ima, i meni je to dovoljno.

– Sjebala ga škola – kaže Jarara. – Samo misli i čita, to mu ne valja.

– Može biti. Ja ne znam da l' je to, i Laura je išla na fakultet, pa vidiš, ne vidi joj se. Čini mi se da nije škola, izluđuje ga što smo sterani u ovu rupu, a još šta je bilo sa Lauritom, siroto bepče.

– Da se osveti – kaže Jarara. – Hoće da se osveti.

– Svi mi hoćemo da se svetimo, jedni vojsci, a drugi pacovima, teško je sačuvati hladnu glavu.

Ilji pada na pamet da Losanovo ludilo ništa ne menja, da su štakori i dalje tu i da ih je teško uloviti, da ljudi iz Kalagaste nemaju hrabrosti da idu suviše daleko jer se sećaju priča, o kosturu starog Miljana ili o Lauritinoj šaci. Ali i oni su ludi, a naročito Porsena sa kamionom i kavezima, a oni sa obale i Danci su još luđi jer troše pare na štakore, vrag će ga znati zašto. Ne može to dugo da traje, ima takvih ludosti koje odjednom prestanu, a onda će opet biti glad, mandioka kad je ima, deca koja umiru sa naduvenim trbusima. Zato je bolje da su ludi, na kraju krajeva.

– Bolje je da su ludi – kaže Ilja, i Jarara ga pogleda iznenađeno pa se onda smeje, skoro sa odobravanjem.

– Samo mu ne treba ići na ruku kad počne sa štakorskim carem i sa zavetom i tim stvarima, inače je sve isto, on je još uvek najbolji lovac.

– Osamdeset dva pacova – kaže Ilja. – Oborio je rekord Huana Lopesa, on ima sedamdeset osam.

– Nemoj da mi staješ na muku – kaže Jarara – ja samo trideset pet.

– Vidiš – kaže Ilja – vidiš da je on večiti vođa, kako god da okreneš.

Nikad se ne zna tačno kako se šire vesti, odjednom neko nešto zna u magacinu Turčina Abada, skoro nikad se ne pominje izvor ali ljudi žive toliko izolovani da vesti stižu kao dah zapadnog vetra koji jedini može da donese malo svežine, a ponekad i kiše. A redak je koliko i vesti, kratkotrajan kao kiša koja će možda spasti večito žute, večito kržljave useve. Vesti pomažu da se nastavi sa životarenjem, makar one bile i loše.

Laura saznaje od Abadove žene, vraća se na salaš i prenosi šapatom kao da Laurita može da razume, dodaje još jedan mate Losanu koji ga pijucka natenane, gledajući u pod po kojem neka crna buba polako ide ka ognjištu. Jedva pruživši nogu, zgazi bubu i ispije mate, vrati posudu Lauri ne gledajući je, iz ruke u ruku kao i toliko puta, kao i tolike stvari.

– Treba da se ide – kaže Losano. – Ako je tačno, vrlo brzo će biti ovde.

– A kuda?

– Ne znam, a ni ovde to niko neće znati, žive kao da su prvi ili poslednji ljudi. Do obale kamionom, pretpostavljam, Porsena će se valjda složiti.

– Kao da je to šala – kaže Jarara, koji savija cigaretu sporim pokretima grnčara. – Da odemo zajedno sa kavezima sa pacovima, vidi ti to. A posle?

– Posle nije problem – kaže Losano. – Ali potreban je novac za to posle. Obala nije kao Kalagasta, trebaće da se plati da bismo mogli da otputujemo na sever.

– Da se plati – kaže Jarara. – Dotle li smo došli, štakore da menjamo za slobodu.

– Oni su gori, kad menjaju slobodu za štakore – kaže Losano.

Iz svog ćoška u kojem tvrdoglavo pokušava da zakrpi nezakrpljivu čizmu, Ilja se smeje kao da kašlje. Još jedna igra rečima, ali ponekad Losano pogodi, pa onda skoro izgleda da je u pravu sa svojom manijom da prevrće rukavice, da sve sagleda iz drugog ugla. Siromaška kabala, rekao je jednom Losano.

– A šta s bepčetom – kaže Jarara. – Ne možemo da se zavlačimo u planinu sa njom.

– Sigurno – kaže Losano – ali na obali se može naći neki ribar koji će nas ostaviti malo dalje, sve je to pitanje sreće i para.

Laura mu doda mate i sačeka, ali niko ništa da kaže.

– Mislim da bi vas dvojica trebalo odmah da krenete – kaže Laura ne gledajući nikoga. – Losano i ja ćemo videti, nema razloga da se više zadržavate, pođite odmah u planinu.

Jarara pali cigaretu i lice mu se sakriva iza dima. Duvan u Kalagasti nije dobar, od njega suze oči i svi kašlju.

– Jesi li nekad sreo luđu ženu? – kaže Ilji.

– Nisam, čoveče. Razume se, možda hoće da nas se oslobodi.

– Idite dođavola – kaže Laura okrećući im leđa, ne želeći da plače.

– Može se doći do dovoljno novca – kaže Losano. – Ako nalovimo dosta štakora.

– Ako nalovimo.

110

– Može se – uporan je Losano. – Treba početi još danas, da pođemo da ih tražimo. Porsena će nam dati novac i pustiće nas da idemo kamionom.

– U redu – kaže Jarara – al' dok se pređe s reči na dela, zna se već...

Laura čeka, posmatra Losanove usne kao da tako može da ne vidi njegov pogled uprt negde daleko u prazninu.

– Moraće da se ide do pećina – kaže Losano. – Ne govorite nikome ništa, ukrcajte sve kaveze u taljige Indijanca Gusmana. Ako nešto kažemo, izvući će onu priču o starom Miljanu i neće nam dati da idemo, znaš kakvo mišljenje imaju o nama. Ali ni starac im ništa nije rekao onaj put, nego je išao za svoj groš.

– Loš primer – kaže Jarara.

– Zato što je išao sam, zato što mu je loše pošlo, kako ti drago. Nas je trojica i nismo stari. Ako ih opkolimo u pećini, jer ja mislim da ima samo jedna pećina a ne nekoliko, isteraćemo ih dimom. Laura će da nam iskroji ovu goveđu kožu da dobro umotamo noge iznad čizama. A sa novcem ćemo moći dalje na sever.

– Za svaki slučaj ćemo poneti sve patrone – kaže Ilja Lauri. – Ako je tvoj muž u pravu, biće više nego dovoljno pacova da se napuni deset kaveza, a ostale ćemo da poskidamo puškom, majkoviću.

– Stari Miljan je isto nosio pušku – kaže Jarara. – Ali razume se, bio je star i bio je sam.

Izvlači nož i proverava ga na prstu, otkači goveđu kožu i počne da je seče na jednake trake. Uradiće to bolje od Laure, žene ne znaju s noževima.

Mrkov uvek vuče nalevo, mada je Šarac izdržljiv i taljige i dalje ostavljaju plitak trag, pravo na sever, u pašnjake; Jarara opušta uzde, viče na Mrkova koji trese glavom kao da se buni. Skoro da se smrklo kad su stigli u podnožje litice, ali izdaleka su videli ulaz u pećinu kako se ocrtava u belom kamenu; dva-tri štakora su ih na-

111

njušili i skrivaju se u pećini dok oni istovaruju žičane kaveze i raspoređuju ih u polukrug oko ulaza. Garavi Ilja seče suvu travu mačetom, vade kudelju i kerozin iz taljiga i Losano odlazi do pećine, vidi da može da uđe ako samo malo pogne glavu. Ostali mu viču, ne budi lud, ostani napolju; lampa već šara po zidovima tražeći najdublji tunel kroz koji se ne može proći, pokretnu crnu rupu sa crvenim tačkicama koje se uznemire i uskomešaju pod snopom svetlosti.

– Šta radiš tu? – dopire do njega Jararin glas. – Izlazi napolje, majku mu staru!

– Car štakora – kaže Losano u po glasa, govoreći u rupu iz koje ga gledaju uskovitlane oči. – Ti izađi, štakorski care, izađi, pacove, samo ti i ja, ti i ja i Laurita, kurviću.

– Losano!

– Idem, mali – kaže polako Losano. Izabira najbliži par očiju, zadržava snop svetlosti na njima, vadi revolver i puca. Kovitlac crvenih varnica i odjednom ništa, sto posto ga ni okrznuo nije. Ostao je samo dim, da izađe iz pećine i da pomogne Ilji koji navlači travu i kudelju, vetar im ide naruku; Jarara primiče šibicu i sva trojica čekaju pored kaveza; Ilja je ostavio prilično uočljiv prolaz kako bi štakori mogli da pobegnu iz stupice a da se ne oprlje, kako bi se suočili sa njima tačno ispred otvorenih kaveza.

– I od ovoga su se plašili oni iz Kalagaste? – kaže Jarara. – Sto posto je stari Miljan umro od nečega drugog pa su pojeli njegovu mrcinu.

– Samo se ti nadaj – kaže Ilja.

Jedan pacov iskače napolje i Losanove vile ga stežu oko vrata, omča ga podiže u vazduh i baca u kavez; Jarari pobegne sledeći, ali sada izlaze po četiri-pet u isti mah, iz pećine se čuje cijukanje i jedva da imaju vremena da uhvate jednog, a već šest-sedam iskliznu kao zmije pokušavajući da izbegnu kaveze i izgube se u travuljini. Čitava reka štakora izliva se kao crvenkasta povraćka, tamo gde su zabodene vile jedan se uhvatio, kavezi se pune uskomešalom masom, osećaju kako im prolaze preko nogu, i dalje izlaze jedan preko drugog, kidajući jedan drugog zubima kako bi umakli vrelini poslednjeg dela puta, beže na sve strane kroz tamu. Losano je kao i uvek najbrži, napunio je jedan kavez a i drugi mu je već dopola pun, Ilja ispušta prigušen krik i podiže jednu nogu, spušta čizmu u ključalu masu, štakor neće da pusti i Jarara ga hvata svojom vilama i vezuje ga omčom, Ilja psuje i gleda goveđu kožu kao da pacov još uvek grize. Oni najveći izlaze poslednji, više i ne liče na pacove i teško je navući im omče oko vrata i podići ih u vazduh; Jararina omča se pokida i jedan pacov pobeže vukući za sobom komad kože, ali Losano viče, nije važno, još samo jedan kavez, Ilja i on napune ga i zatvore udarajući vilama, navlače reze, podižu ih kukama od žica i spuštaju na taljige, konji se poplaše pa Jarara mora da ih drži za đemove, da im priča dok se ostali penju na sedište. Već je mrkla noć i vatra počinje da se gasi.

Konji su nanjušili štakore i u početku ih treba držati na uzdi, daju se u trk kao da će da smrskaju taljige, Jarara mora da ih obuzdava pa mu čak i Ilja pomaže, četvoro ruku na uzdama dok se galop ne prekine i ne vrati u neujednačen kas, taljige skreću i točkovi se zaglavljuju u kamenje i šiprag, pozadi štakori cijuču i kidaju jedan drugog, iz kaveza dopire zadah loja, proliva, konji to nanjuše i njište opirući se đemovima, žele da se otmu i pobegnu, i Losano spušta ruke pored ostalih na uzde pa uspevaju da im malo usklade kas, obilaze golo brdo i vide kako se pojavljuje dolina, u Kalagasti svega tri-četiri svetla, noć bez zvezda, s leva bledunjavo svetlo sa salaša u sred polja koje kao da je šuplje, dižu se i spuštaju kako se taljige zatresu, svega petsto metara, odjednom se izgube kad taljige zađu u šipražje gde je put stalno šibanje trnja po licu, jedva vidljiv trag koji ko-

nji pronalaze lakše nego tri para ruku koje malo poma-
lo otpuštaju uzde, pacovi arlauču i prevrću se pri sva-
kom trzaju, atovi odustali od borbe ali vuku kao da žele
već jednom da stignu, da već budu tamo gde će ih odve-
zati od tog smrada i te cike kako bi ih pustili da odu u
brda, da pođu u susret svojoj noći, da ostave za sobom
ono što ih goni i proganja i dovodi do ludila.

– Trči po Porsenu – kaže Losano Jarari. – Neka od-
mah dođe da ih prebroji i da nam da pare, treba da ugo-
vorimo polazak za sutra rano izjutra, kamionom.

Prvi pucanj odjeknuo je kao da je šala, slab i usam-
ljen. Jarara nije imao vremena da odgovori Losanu kad
rafal stiže uz šum suve trske koja se lomi u param-
parčad udarivši o zemlju, kao pucketanje jedva malo
glasnije od cijukanja u kavezima, udarac s boka i taljige
se prevrnuše u šipražje, Mrkov s leva htede da se iščupa
trzajući se, izvrćući im ruke, Losano i Jarara iskočiše
istovremeno, Ilja s druge strane, zalegao je u šipražje a
taljige produžiše noseći ciku štakora i stadoše tri metra
dalje, Mrkov kopa nogom zemlju, još ga donekle drži
rukunica na kolima, Šarac njišti i otima se, ali ni makac.

– Preseci ovuda – kaže Losano Jarari.

– Šta koj' moj – kaže Jarara. – Stigli su pre nas, ne-
ma više vajde.

Prilazi im Ilja, podiže revolver i gleda u travuljinu
kao da traži neku čistinu. Svetlost sa salaša se ne vidi, ali
znaju da je tu, odmah iza šipražja, na sto metara. Čuju
glasove, jedan glas izvikuje naredbe, tišina i ponovo ra-
fal, bič puca po travuljini, drugi glas traži ih nešto niže,
na čistu sreću, kopilad imaju i više metaka nego što im
je potrebno, pucaće dok ne popadaju od umora. Za-
štićeni taljigama i kavezima, iza uginulog konja i onog
drugog koji se otima kao pokretni zid, njišti sve dok Ja-
rara ne uperi revolver u njegovu glavu i dokrajči ga, si-
roti Šarac, tako lep, takav drug, masa koja se sruči duž
rude i nasloni se Mrkovu na bokove, ovaj se još povre-
meno stresa, pacovi ih odaju svojom cikom koja para

114

noć, niko ih više neće ućutkati, treba otvoriti prolaz na-
levo, zamah za zamahom se probijati kroz bodljikavo
šipražje, mašući puškama pred sobom i oslanjajući se
na njih da bi se dobilo još pola metra, udaljiti se od ta-
ljiga gde se sada skoncentrisala paljba, gde štakori urla-
ju i zapomažu kao da razumeju, kao da se svete, ne
može se bacati urok na štakore, misli Ilja, bio si u pravu,
šefe, serem ti se na tvoje sitne igre, ali bio si u pravu,
majku li ti tvoju, tebi i tom štakorskom caru, koliko si
samo bio u pravu, pizdalitimaterina.

Iskoristiti to što šipražje postaje ređe, što ima dese-
tak metara gde je skoro trava, rupa kroz koju se može
provući valjajući se postrance, stare tehnike, kotrljati se
i kotrljati sve dok se ne dođe do sledeće guste travulji-
ne, iznenada podići glavu kako bi se sve obuhvatilo po-
gledom u sekundi i ponovo se sakriti, sićušno svetlo na
salašu i prilike koje se kreću, za trenutak odsjaj puške,
glas onog što izvikuje naređenja, kiša metaka po taljiga-
ma koje ciče i arlauču u šipražju. Losano ne gleda ni
oko sebe niti se osvrće unazad, tu je samo tišina, tu su
Ilja i Jarara, mrtvi, ili možda kao i on, još se vuku kroz
žbunje i traže nekakav zaklon, krčeći put svojim telima,
lica im se upalila od bodlji, slepe i okrvavljene krtice ko-
je beže što dalje od štakora, jer sada to jesu štakori, Lo-
sano ih vidi pre nego što ponovo uroni u šiprag, iz talji-
ga dopire sve bešnja cika ali oni drugi štakori nisu tamo,
drugi štakori mu zatvaraju put između šipražja i salaša,
i mada je svetlo i dalje upaljeno na salašu, Losano već
zna da Laura i Laurita više nisu tamo, ili su tamo ali to
više nisu Laura i Laurita sada kad su štakori stigli na sa-
laš i kad su imali vremena koliko god su hteli da urade
ono što su već uradili, da ga sačekaju ovako kako su ga
sačekali između salaša i taljiga, da ispaljuju rafal za ra-
falom, naređuju i izvršavaju naređenja i pucaju sad ka-
da više nema smisla stići na salaš, a ipak još metar, još
jedan okret od kojeg mu ruke ostaju pune ključalih

bodlji, glava proviruje da pogleda, da vidi štakorskog cara, da se uveri da je onaj ko izvikuje naređenja štakorski car i da su svi ostali štakorski carevi, da ustane i da ispali uzaludan hitac iz sačmare na štakorskog cara koji se naglo okreće ka njemu i prekriva lice rukama i pada na leđa pogođen sačmom koja mu se zarila u oči, raznela usta, Losano ispaljuje još jednu patronu na onog što okreće mitraljez ka njemu i mek štropot lovačke puške zagušuje pucketanje rafala, travuljina se uleže pod Losanovom težinom dok on pada nauznak među trnje koje mu se zabada u lice, u otvorene oči.

ĐAVOLJE BALE

Nikada nećemo znati kako to da ispričamo, da li u prvom licu ili u drugom, koristeći treće lice množine ili stalno izmišljajući oblike koji ničemu neće služiti. Kada bi se moglo reći: ja videše kako se penje mesec, ili: nas me boli duboko u očima, a naročito ovako: ti plava žena behu oblaci koji i dalje prolaze pred mojim tvojim njegovim našim vašim njihovim licima. Šta to dođavola.

Kad smo već kod priče, da se može u prvi bar na pivce a da mašina nastavi posao sama (jer pišem na mašini) to bi bilo savršenstvo. I nisam to rekao tek tako. Savršenstvo, nego šta, jer je ova ovde rupa koju treba ispričati takođe jedna mašina, aparat (samo druge vrste, kontaks 1.2.2) i možda je moguće da jedan aparat za više od drugog, od mene, tebe, nje – plave žene – i oblaka. Ali ni ja baš nisam od juče, i znam da će, ako odem, ova remington mašina ostati nepomična na stolu i da će izgledati dvostruko nepomičnija, kao i svaka pokretljiva stvar kada se ne mrda. Znači moram da pišem. Bar neko od nas mora da zapiše, ako će uopšte sve to da se priča. Bolje da to budem ja koji sam mrtav, koji sam umešan manje nego sve ostalo; ja koji vidim samo oblake i mogu da razmišljam a da mi misli ne lutaju, da pišem a da mi misli ne lutaju (evo još jednog, sa sivom ivicom) ja koji sam mrtav (i živ, nije stvar u tome da sad nekoga zavaravam, videće se već kad dođe vreme, jer nekako moram da počnem, i pošao sam sa tog kraja,

117

onog od pozadi, početnog, što je na koncu konca najbolji od svih krajeva kada hoće nešto da se ispriča).

Odjednom se pitam zašto moram to da pričam, ali ako čovek počne da se pita zašto radi sve što radi, ako bi se čovek samo pitao zašto prihvata neki poziv na večeru (sad prolazi jedan golub, a čini mi se i jedan vrabac) ili zašto, kada nam je neko ispričao dobru priču, odmah počne nešto da nas golica u stomaku i ne možemo da se smirimo dok ne uđemo u susednu kancelariju da je i mi je ispričamo; tek tad se osećamo dobro, zadovoljni smo i možemo da se vratimo svom poslu. Koliko ja znam, niko to nije objasnio, tako da je najbolje manuti se stida i ispričati, jer se u krajnjoj liniji niko ne stidi što diše ili što obuva cipele; to su stvari koje se rade, i kad se desi nešto čudno, kad u cipeli nađemo pauka ili ako, kada udahnemo, osetimo nešto nalik na polomljeno staklo, onda moramo da ispričamo šta se dešava, da ispričamo momcima iz kancelarije ili lekaru. Joj, doktore, kad god udahnem.... Uvek ispričati, uvek se osloboditi tog neprijatnog golicanja u stomaku.

A kad ćemo već da pričamo, uvedimo malo reda, siđimo niz stepenište ove kuće do nedelje sedmog novembra, tačno pre mesec dana. Čovek se spusti niz pet spratova i već se obreo u nedelji, sa suncem neočekivanim za novembar u Parizu, veoma raspoložen da prošeta naokolo, da posmatra stvari, da fotografiše (jer bili smo fotografi, ja sam fotograf). Znam već da će najteže biti da se pronađe način da se to ispriča, i ne ustručavam se da se ponavljam. Biće teško jer niko ne zna dobro ko je taj ko u stvari priča, da li sam to ja ili ono što se dogodilo, ili ono što vidim (oblaci, ponekad neki golub) ili naprosto pričam jednu istinu koja je samo moja istina, a onda to nije istina ni za koga osim za moj stomak, za ovu želju da to istresem iz sebe i na neki način završim s tim, šta bilo da bilo.

Pričaćemo polako, uvidećete već polako šta se dešava dok budem pisao. Ako me smene, ako više ne budem znao šta da kažem, ako nestanu oblaci i počne nešto drugo (jer nije moguće da to stalno bude gledanje kako prolaze oblaci, i ponekad neki golub) ako nešto od svega toga... A posle ovog „ako", čime da stavim, kako da pravilno završim rečenicu? Ali ako počnem da postavljam pitanja ništa neću ispričati; bolje je da ispričam, možda je pričanje neki odgovor, barem za onoga ko to bude čitao.

Roberto Mišel, i Francuz i Čileanac, prevodilac i fotograf-amater u slobodno vreme, izašao je iz broja 11 u ulici Mesje le Prens u nedelju sedmog novembra tekuće godine (sad prolaze dva manja, sa srebrnastim ivicama). Već tri nedelje prevodio je raspravu o žalbama i predstavkama Hosea Norberta Aljendea, profesora Univerziteta u Santjagu, na francuski. U Parizu retko duva vetar, a još je ređi vetar koji na uglovima ulica pravi kovitlace i penje se šibajući stare drvene prozorske kapke iza kojih iznenađene gospođe različito komentarišu kako je vreme promenljivo poslednjih godina. Ali i sunce je bilo tu, jahač na vetru, prijatelj mačaka, pa me prema tome ništa ne sprečava da prošetam po kejovima pored Sene i da napravim nekoliko snimaka Konsijeržerije i Sent-Šapela. Bilo je tek deset, i sračunao sam da ću oko jedanaest imati dobro svetlo, najbolje što se može ujesen; da ubijem vreme, skrenuo sam ka ostrvu Sen Luj i pošao Kejom Anžu, malo pogledao kuću Lozen, odrecitovao u sebi neke Apolinerove odlomke koji mi uvek padnu na pamet kada prolazim pored kuće Lozen (mada je trebalo da se setim drugog pesnika, ali Mišel je svojeglav čovek) i kada je vetar odjednom prestao a sunce postalo barem dvaput veće (hoću da kažem toplije, ali je to u stvari isto) seo sam na kamenu ogradu i osetio užasnu sreću tog nedeljnog jutra.

Od mnogih načina da se čovek bori protiv praznine, jedan od najboljih je fotografisanje, i toj aktivnosti bi se deca od malena morala podučavati jer zahteva disciplinu, estetsko obrazovanje, dobro oko i sigurnu ruku. Ni-

119

je reč o tome da se postavljaju zasede za laži kao što to radi bilo koji reporter, da se lovi glupa silueta značajne ličnosti koja izlazi iz broja 10 u Dauning Stritu, ali u svakom slučaju kad čovek ide sa fotoaparatom postoji nekakva obaveza da bude pažljiv, da mu ne promakne onaj iznenadni i divni odblesak sunca na starom kamenu, ili trk neke devojčice sa pletenicama koje nosi vetar dok se vraća sa hlebom ili bocom mleka. Mišel je znao da je fotograf uvek neka vrsta zamene svog ličnog pogleda na svet onim drugim koji mu kamera lukavo nameće (sad prolazi jedan veliki skoro crn oblak) ali nije bio nepoverljiv, znajući da je dovoljno da izađe bez kontaksa pa da povrati svoju rasejanost, pogled bez kadriranja, svetlo bez blende i bez ekspozicije 1:250. Baš sada (kakva reč, *sada*, kakva glupa laž) mogao sam ostati da sedim na kamenoj ogradi nad rekom, gledajući kako prolaze crveni i crni čamci i da mi ne padne na pamet da fotografski razmišljam o scenama, samo da se prepustim da me tok stvari nosi, da tečem, nepomičan, zajedno sa vremenom. I vetar više nije duvao.

Posle sam produžio Kejom Burbon sve dok nisam stigao do špica ostrva, gde mi se intiman mali trg (intiman zato što je mali, a ne što je skrovit, jer je potpuno otvoren prema reci i nebu) toliko sviđa, i više nego sviđa. Tu je bio samo jedan par i, naravno, golubovi; možda neki od ovih koji sada prolaze tu gde ja gledam. U jednom skoku sam seo na kamenu ogradu i pustio da me obgrli i priveže sunce, okrećući mu lice, uši, obe ruke (rukavice sam stavio u džep). Nisam bio raspoložen da fotografišem, pa sam zapalio cigaretu tek da bih nešto radio; mislim da sam u trenutku kada sam primicao šibicu duvanu prvi put video tog momčića.

Ono za šta sam pomislio da je neki par mnogo je više ličilo na dečaka sa majkom, mada sam istovremeno shvatao da to nije dečak sa majkom, da je to par u smislu u kojem uvek govorimo o parovima kada ih vidimo naslonjene na kamenu ogradu ili zagrljene na klupi po trgovima. Kako nisam imao nikakvog posla imao sam i više nego dovoljno vremena da se pitam zašto je momčić tako nervozan, kao neko ždrebe ili zec, zavlači ruke u džepove, odmah zatim vadi jednu, pa potom i drugu, provlači prste kroz kosu, premešta se, a posebno, zašto je uplašen, jer to se videlo u svakom njegovom pokretu, strah koji je prigušivan stidom, nagon da ustukne koji se video kao da je njegovo telo na ivici bekstva, uzdržavajući se iz poslednje i tugaljive učtivosti.

Tako je jasno sve to bilo, tu na pet metara – i bili smo sami naslonjeni na kamenu ogradu, na špicu ostrva – da u početku od dečakovog straha nisam mogao dobro da vidim plavu ženu. Kada sad o tome razmišljam, vidim je mnogo bolje u onom prvom trenutku kada sam pročitao njeno lice (odjednom se okrenula kao bakarni vetrokaz, i oči, oči su bile tu) kada sam nejasno shvatio šta je moglo da se dešava sa dečakom i rekao sebi da vredi ostati i gledati (vetar je nosio reči, jedva šaputanja). Mislim da, ako nešto umem, umem da gledam, a da se kroz svako gledanje probija laž, jer nas ona najviše udaljava od nas samih, bez ikakvog jemstva, dok mirisanje, ili (no Mišel lako zastrani, ne treba ga puštati da priča koliko mu volja). U svakom slučaju, ako se unapred predvidi mogućnost laži, gledanje postaje moguće; možda je dovoljno pravilno odabrati između gledanja i gledanog, ogoliti stvari od tolike tuđe odeće. A, razume se, sve to je prilično teško.

O dečaku mi je pre ostalo sećanje na sliku nego na njegovo stvarno telo (to će se razumeti kasnije) dok sam sada siguran da se mnogo bolje sećam tela žene nego njene slike. Bila je sitna i vitka, što su dve neodgovarajuće reči da se kaže kakva je ona bila, i nosila je kožni kaput, skoro crn, skoro dugačak, skoro lep. Sav vetar toga jutra (sada jedva da je duvao, i nije bilo hladno) prolazio joj je kroz plavu kosu koja je uokvirivala njeno belo i sumorno lice – dva neodgovarajuća prideva – dok bi čitav svet pred njenim crnim očima stajao užasno

121

sam, pred njenim očima koje su se spuštale na stvari kao dva orla, dva skoka u prazno, dve bujice zelenog mulja. Ništa ne opisujem, pre pokušavam da shvatim. I rekao sam dve bujice zelenog mulja.

Ako ćemo pravo, dečak je bio prilično dobro obučen i nosio je žute rukavice za koje bih se ja zakleo da pripadaju njegovom starijem bratu, studentu prava ili sociologije; bilo je zabavno videti prste na rukavicama kako vire iz džepa na sakou. Dugo mu nisam video lice, nego samo profil, nimalo glup – zbunjena ptica, Fra Filipov anđeo, beo kao sutlijaš – i leđa mladića koji hoće da se bavi džudom i koji se par puta potukao zbog ideje, ili zbog sestre. Bližio se četrnaestoj, možda petnaestoj, videlo se da ga oblače i hrane roditelji ali da nema ni prebijene pare u džepu, i da mora dugo da veća sa drugovima pre nego što se odluči za kafu, konjak, kutiju cigareta. Verovatno luta ulicama razmišljajući o školskim drugaricama, o tome kako bi lepo bilo otići u bioskop i videti najnoviji film, ili kupovati romane ili kravate ili flaše pića sa zelenim ili belim etiketama. U njegovoj kući (njegova je kuća verovatno ugledna, ručak u dvanaest i romantični pejzaži po zidovima, sa mračnim predsobljem i stalkom za kišobrane od mahagonija pored vrata) sporo kao kiša sipilo je vreme koje je provodio u učenju, bio mamina uzdanica, ličio na tatu, dok je pisao tetki iz Avinjona. Zato je toliko na ulici, cela reka za njega samog (ali bez prebijene pare) i tajanstveni grad u petnaestoj godini, sa oznakama na vratima, sa užasavajućim mačkama, sa fišekom prženih krompirića za trideset franaka, pornografski časopis presavijen načetvoro, samoća kao praznina u džepovima, srećni susreti, uzbuđenje zbog tolikih stvari, neshvaćenih ali osvetljenih apsolutnom ljubavlju, gotovošću nalik na vetar ili ulice.

To je biografija ovog dečaka i bilo kog dečaka, ali ovoga sam sada gledao izdvojenog, prisustvo plave žene koja mu je i dalje pričala pretvorilo ga je u jedinog.

(Mrzi me da ponavljam, ali upravo su prošla dva du-gačka oblaka razdvojena na pramenove. Čini mi se da tog jutra nisam ni jedan jedini put pogledao u nebo, jer čim sam predosetio šta se dešava sa dečakom i ženom, samo sam mogao njih da gledam i da čekam, da ih gle-dam i...). Ukratko, dečak je bio uznemiren i bez po mu-ke se moglo naslutiti šta se to upravo dogodilo nekoliko trenutaka ili najviše pola sata ranije. Dečak je stigao do špica ostrva, video je ženu i ona mu se učinila divna. Žena je to i čekala jer je bila tu da bi čekala na to, ili je možda dečak stigao ranije a ona ga je videla sa balkona ili iz automobila i pošla mu u susret, zapodenuvši razgo-vor oko bilo čega, sigurna od samog početka da će se on uplašiti od nje i da će hteti da pobegne, i da će naravno ostati, drčan i osoran, pretvarajući se da je premazan svim mastima i da uživa u avanturi. Ostalo je bilo lako jer se dešavalo na pet metara od mene i svako je mogao odmeravati etape u igri, smešno nadmudrivanje; naj-veća čar u tome nije bila sadašnjost, nego predviđanje raspleta. Dečak će se na kraju izgovoriti nekim sastan-kom, bilo kakvom obavezom, i udaljiće se sapličući se, zbunjen, želeći da korača opušteno, nag pod pod-smešljivim pogledom koji će ga pratiti do kraja. Ili će ostati, opčinjen ili naprosto nesposoban da preuzme inicijativu, a žena će početi da ga miluje po licu, da mu mrsi kosu, govoreći mu nešto sada bez glasa, i iznenada će ga uhvatiti pod ruku kako bi ga odvela sa sobom, os-im ako on, sa nelagodnošću koja će možda početi želji da daje drugu boju, rizik avanture, ne skupi hrabrosti da je obujmi oko struka i poljubi je. Sve se to moglo desiti, ali se još nije dešavalo, i Mišel je perverzno čekao, se-deći na kamenoj ogradi, nesvesno podižući aparat kako bi snimio živopisnu fotografiju u nekom kutku ostrva sa jednim nimalo običnim parom koji razgovara i gleda se.

Zanimljivo je da je ta scena (skoro ništa: njih dvoje tu, nejednako mladi) imala kao neki uznemiravajući oreol. Mislio sam da sam to uneo ja, i da će moja foto-

123

grafija, ako je snimim, vratiti stvari svojoj glupoj istini. Voleo bih da sam mogao znati šta je mislio čovek sa sivim šeširom koji je sedeo za volanom auta parkiranog na keju što vodi ka mostu, i koji je čitao novine ili dremao. Upravo sam ga otkrio, jer ljudi u parkiranom automobilu skoro nestaju, gube se u tom bednom kavezu lišenom lepote koju mu daju pokret i opasnost. A ipak je auto bio tu sve vreme, uobličavajući jedan deo (ili izobličavajući taj deo) ostrva. Neki auto: isto kao kad se kaže neka svetiljka u uličnom osvetljenju, jedna klupa na trgu. Nikada vetar, svetlost sunca, te tvari uvek nove za kožu i oči, kao i dečak i žena, jedini i jedinstveni, postavljeni tu kako bi promenili ostrvo, kako bi mi ga pokazali na drugi način. Konačno, lako bi se moglo dogoditi da i čovek sa novinama pažljivo prati šta se dešava i osećao kao i ja ono zlobno uživanje kakvog ima u svakom iščekivanju. Sada se žena blago okrenula sve dok nije stavila dečkića između sebe i kamene ograde, video sam ih skoro iz profila i on je bio viši, ali ne mnogo viši, a ipak ga je ona prevazilazila, izgledala je kao da se nadnela nad njim (njen smeh, odjednom, kao perjani bič) pritisnuvši ga samim svojim prisustvom, osmehujući se, mašući rukom kroz vazduh. Našto više čekati? Sa otvorom blende šesnaest, sa kadrom u koji neće ući grozni crni auto, ali hoće ono drvo, neophodno kako bi razbilo previše siv prostor...

Podigao sam aparat, pretvarajući se da proučavam neki kadar u kojem njih ne bi bilo, i ostao sam da vrebam, ubeđen da ću na kraju uhvatiti onaj pokret koji sve otkriva, izraz koji sve kazuje, život koji usklađuje ritam sa kretanjem ali ga nepomična slika uništava kada biramo trenutak, kad već ne biramo onaj njegov suštinski neprimetni delić. Nisam morao dugo da čekam. Žena je išla sve dalje u nežnom vezivanju dečakovih ruku, skidanju poslednjih ostataka njegove slobode, nit po nit, mučeći ga jako sporo i sa uživanjem. Zamišljao sam moguće svršetke (sad se pojavljuje jedan penušav

124

oblačić, skoro usamljen na nebu) predvideo sam dolazak u kuću (verovatno neko prizemlje, koje je ona, biće, pretrpala jastučićima i mačkama) i naslutio dečakovu zbunjenost i njegovu očajničku rešenost da se pretvara i da se prepusti, pretvarajući se kako ništa od toga nije novo za njega. Zatvarajući oči, ako sam ih zatvorio, doveo sam tu scenu u red, šaljivi poljupci, žena koja nežno odgurkuje ruke koje hoće da je svuku, kao u romanima, na krevetu na kojem je verovatno ljubičasta perina, i naprotiv, primorava njega da dopusti da mu skine odeću, stvarno majka i sin pod žutom svetlošću mlečnih sijalica, i sve će se završiti kao i uvek, možda, ali možda će sve biti i drugačije, i inicijacija adolescenta neće proći, neće joj biti dozvoljeno da prođe, dalje od jednog dugačkog uvoda u kojem će se nespretnosti, očajnička milovanja, užurbanost ruku, završiti ko zna čime, pojedinačnim usamljeničkim uživanjem, odlučnim odbijanjem pomešanim sa veštinom zamaranja i zbunjivanja toliko povređene nevinosti. Moglo je biti tako, sasvim lako je tako moglo biti; ona žena u dečaku nije tražila ljubavnika, a istovremeno ga je stavljala pod svoju vlast zarad nekog cilja koji nije moguće shvatiti ako ga ne zamisli kao nekakvu surovu igru, kao želju da se želi bez zadovoljenja, da se uzbuđuje radi nekoga drugog, nekoga ko ni na koji način nije mogao biti taj dečak.

Mišel je kriv za literaturu, za nestvarne izmišljotine. Ništa mu nije draže od izmišljanja izuzetaka, osoba na svoju ruku, ne uvek odvratnih čudovišta. Ali ta žena prosto je pozivala na maštanje, ostavljajući možda dovoljno ključeva da bi se došlo do istine. Pre nego što bude otišla, i to sada kada će ispunjavati moje sećanje tokom mnogo dana, jer ja sam sklon preživkavanju starih priča, odlučio sam da ne izgubim više ni trenutka. Sve sam stavio u kadar (zajedno sa drvetom, kamenom ogradom, suncem u jedanaest sati) i snimio fotografiju. Tačno na vreme da bih shvatio kako su me njih dvoje primetili i kako me gledaju, dečko iznenađeno i nekako

125

upitno, a ona besno, njeno telo i njeno lice koji su znali da su pokradeni bili su otvoreno neprijateljski, sramno uhvaćeni na maloj hemijskoj slici.

Mogao bih to pričati sa mnogo detalja, ali nema svrhe. Žena je rekla kako niko nema prava da fotografiše bez dozvole, i zatražila je da joj predam rolnu filma. I sve to suvim i jasnim glasom sa dobrim pariskim naglaskom, u kojem su se boja i ton pojačavali pri svakoj rečenici. Što se mene tiče, bilo mi je sasvim svejedno hoću li joj dati film ili neću, ali svako ko me poznaje zna da stvari od mene treba tražiti na lep način. Ishod je bio takav da sam samo izrazio mišljenje da fotografisanje ne samo što nije zabranjeno a javnim mestima, nego i uživa nepokolebljivu zvaničnu i privatnu naklonost. I dok sam joj to govorio šaljivdžijski sam uživao u tome kako se dečko povlači, zaostaje – naprosto time što se ne pomera – i odjednom (izgledalo je skoro neverovatno) okrenuo se i potrčao, verujući, siromah, da korača, a u stvari je bežao koliko ga noge nose, prošavši pored automobila, izgubivši se kao nit devičanske paučine koja lebdi u jesenjem vazduhu.

Ali tu devičansku paučinu zovu i đavolje bale, i Mišel je morao da otrpi podroban spisak uvreda, da sasluša kako ga nazivaju uljezom i budalom, dok se namerno trudio da se osmehuje i da odbija, jednostavnim pokretom glave, sva ona mesta na koja ga je ona slala. Kad je počela da me zamara, čuo sam kako su se zalupila vrata na automobilu. Čovek u sivom šeširu bio je tu, gledajući nas. Tek tada sam shvatio da i on ima nekakvu ulogu u toj komediji.

Pošao je prema nama, noseći u ruci novine koje se pravio da čita. Najbolje se sećam grimase od koje su mu se iskrivila usta, lice mu se prekrilo borama, nešto je tu menjalo mesto i oblik jer su mu usta drhtala a grimasa prelazila sa jedne na drugu stranu usana kao nešto nezavisno i živo, tuđe njegovoj volji. Ali sve ostalo je bilo nepomično, pajac posut brašnom ili čovek bez krvi, sa

126

suvom kožom bez sjaja, duboko usađenih očiju i crnih i vidljivih nozdrva, crnjih od obrva ili kose ili crne kravate. Koračao je pažljivo, kao da mu pločnik bode stopala; videh njegove lakovane cipele sa đonom tako tankim da se kroz njega morala još jače osećati svaka neravnina na ulici. Ne znam zašto sam sišao sa kamene ograde, ne znam baš ni zašto sam odlučio da im ne dam fotografiju, da odbijem taj zahtev iza kojeg sam nazirao strah i kukavičluk. Pajac i žena su se dogovarali bez reči: sačinjavali smo savršeno nepodnošljiv trougao, nešto što se moralo raspasti uz prasak. Nasmejao sam im se u lice i pošao, nadam se nešto sporije nego dečak. Kada sam stigao do prvih kuća, sa one strane gde je gvozdeni most, osvrnuo sam se da ih pogledam. Nisu se micali, ali je čovek ispustio novine; učinilo mi se da žena, leđima okrenuta ogradi, prelazi rukom preko kamena onim klasičnim besmislenim pokretom begunca koji traži neki izlaz.

Ono što sledi dogodilo se ovde, skoro baš sada, u jednoj sobi na jednom petom spratu. Prošlo je nekoliko dana pre nego što je Mišel razvio fotografije od nedelje; njegovi snimci Konsijeržerije i Sent-Šapela bili su onakvi kakvi je i trebalo da budu. Pronašao je dva-tri već zaboravljena probna snimka, jedan slab pokušaj da uhvati mačku koja se na neverovatan način uspentrala na krov uličnog pisoara, kao i sliku plave žene i mladića. Negativ je bio tako dobar da je napravio uvećanje; uvećanje je bilo tako dobro da je napravio još jedno, mnogo veće, skoro kao plakat. Nije mu palo na pamet (a sad, pita li se, pita) da samo fotografije Konsijeržerije zaslužuju toliku pažnju. Od čitave serije, slika sa špica ostrva je bila jedina koja ga je zanimala; zakačio je uvećanje na jedan zid u sobi, i prvoga dana ga je neko vreme posmatrao i prisećao se, poredeći melanholično sećanja na izgubljenu stvarnost; skamenjeno sećanje je kao i svaka fotografija, u njemu ništa nije nedostajalo, pa čak ni – to naročito ne – praznina, istinski fiksir te scene. Tu je bila žena, tu je bio dečak, tvrdo drvo iznad njihovih glava, nebo isto onako nepomično kao i kamenje u ogradi, oblaci i kamenje pomešani u jednu jedinstvenu tvar (sad prolazi jedan sa oštrim ivicama, preleće kao prethodnica oluje). Prva dva dana prihvatao sam to što sam učinio, od same slike do uvećanja na zidu, pa se čak nisam ni upitao zašto svaki čas prekidam prevođenje rasprave Hosea Norberta Aljendea kako bih se ponovo susreo sa licem te žene, sa tamnim mrljama na kamenoj ogradi. Prvo iznenađenje bilo je glupo; nikada mi nije palo na um da, kada gledamo neku fotografiju s lica, oči ponavljaju upravo onaj položaj koji je zauzimao objektiv, njegov pogled; to su one stvari koje se uzimaju zdravo za gotovo i o kojima nikome ne pada na pamet da razmišlja. Sa svoje stolice, sa pisaćom mašinom ispred sebe, gledao sam fotografiju tu na tri metra, i onda shvatio da sam se namestio upravo u tačku gledišta objektiva. Tako je veoma dobro; nema sumnje da je to najsavršeniji način da se uživa u fotografiji, mada bi dijagonalan pogled mogao imati svojih čari pa čak i svojih otkrića. Svakih nekoliko minuta, na primer kada ne bih pronašao način da na dobrom francuskom kažem ono što je Hose Alberto Aljende rekao na tako dobrom španskom, podigao bih oči i pogledao fotografiju; ponekad me je privlačila žena, ponekad dečak, ponekad pločnik na kojem se jedan osušen list izvanredno smestio da istakne lepotu bočnog dela slike. Onda bih se malo odmorio od svog posla, i ponovo bih se sa uživanjem vraćao u ono jutro koje je natapalo fotografiju, sa ironijom se sećao slike besne žene koja je od mene tražila fotografiju, smešnog i tužnog dečakovog bekstva, izlazak čoveka belog lica na scenu. U suštini sam bio zadovoljan sobom; moj odlazak nije bio naročito blistav, jer ako su Francuzi obdareni sposobnošću davanja brzih odgovora, nije mi bilo sasvim jasno zašto sam se odlučio da odem a da nisam do kraja dokazao sva

128

svoja građanska prava, ovlašćenja i povlastice. Ono što je važno, ono što je zaista važno jeste to što sam pomogao dečaku da pobegne na vreme (to u slučaju da su moje teorije bile tačne, što nije dovoljno dokazano, ali samo bekstvo izgleda da ih je dokazivalo). Iz čiste želje da gurnem nos u tuđe stvari, dao sam mu priliku da konačno upotrebi svoj strah za nešto korisno; sada se verovatno kaje, oseća da je osramoćen i prikraćen, da je manje muškarac. Bolje i to nego društvo jedne žene kadre da gleda onako kako su njega gledali tamo na ostrvu; Mišel je ponekad puritanac, veruje da se ljudi ne smeju kvariti silom. U suštini, ta fotografija je bila dobro delo.

Nisam je zato što je bila dobro delo gledao između pasusa svog rada. U tom trenutku nisam znao zašto je gledam, zašto sam prikačio uvećanje na zid; možda se tako dešava sa svim kobnim postupcima, možda je to i uslov da se oni učine. Mislim da me skoro neprimetno podrhtavanje lišća na drvetu nije uznemirilo, da sam nastavio započetu rečenicu i neometano je završio. Navike su kao veliki herbarijumi, na kraju krajeva, uvećanje veličine osamdeset puta šezdeset liči na ekran na kojem se projektuje film, gde na špicu nekog ostrva jedna žena razgovara sa jednim dečakom a suvo lišće na drvetu se ljulja nad njihovim glavama.

Ali ruke su već prevršile meru. Upravo sam zapisao: *Donc, la seconde clé réside dans la nature intrinsèque des difficultés que les sociétés* – i video sam kako ženina ruka počinje polako da se zatvara, prst po prst. Od mene nije ostalo ništa, samo jedna rečenica na francuskom koja nikada neće biti završena, pisaća mašina koja pada na pod, stolica koja škripi i podrhtava, magla. Dečak je oborio glavu, kao bokseri kad više nemaju snage i čekaju udarac koji će im nemilosrdno prekratiti muke; podigao je kragnu na kaputu, više nego ikad je ličio na zatvorenika, savršenu žrtvu koja pomaže da se dogodi nesreća. Sada mu je žena govorila na uvo, i šaka se po-

novo otvorila kako bi se spustila na njegov obraz, milo-
vala ga i milovala, polako podstičući žar. Dečak je bio
više sumnjičav nego zbunjen, jednom ili dvaput je bacio
pogled preko ženinog ramena a ona je i dalje pričala,
objašnjavala nešto što ga je teralo da svaki čas pogleda
prema zoni gde je Mišel vrlo dobro znao da se nalazi
auto sa muškarcem u sivom šeširu koji je bio pažljivo iz-
bačen sa fotografije ali se odražavao u dečakovim oči-
ma i (kako sada u to sumnjati) u ženinim rečima, na
ženinim rukama, u ženinom zastupničkom prisustvu.
Kada sam video da čovek dolazi, zastaje kraj njih i gle-
da ih, sa rukama u džepovima i sa izrazom lica između
dosade i zapovesti, kao gazda koji zvizne psu koji je ska-
kutao po trgu, shvatio sam, ako je to značilo shvatiti, šta
treba da se dogodi, šta je trebalo da se dogodi, šta bi
trebalo da se dogodi u tom trenutku, među tim ljudima,
tu gde sam ja došao da poremetim neki red, bezazleno
se umešavši u to što se nije desilo ali što će se sada do-
goditi, sada će se ispuniti. I ono što sam tada zamišljao
bilo je mnogo manje užasno od stvarnosti, ta žena koja
nije bila tu zbog sebe, nije milovala niti nudila niti ohra-
brivala radi svog uživanja, ne zato da bi ona odvela tog
čupavog anđela i poigravala se njegovim strahom i nje-
govom ljupkošću punom želje. Pravi gospodar je čekao,
osmehujući se besramno, već siguran u posao; nije bio
prvi koji je slao ženu u izvidnicu, da mu dovede zarob-
ljenike ruku vezanih cvećem. Ostalo bi bilo tako jedno-
stavno, automobil, neka kuća, bilo koja, piće, uzbudlji-
ve slike, suze prekasno, buđenje u paklu. A ja nisam
mogao učiniti ništa, ovoga puta nisam mogao baš ništa.
Moja snaga bila je u jednoj fotografiji, ovoj ovde, gde su
mi se svetili neskriveno mi pokazujući šta će se dogodi-
ti. Fotografija je snimljena, vreme je proteklo; bili smo
tako daleko jedni od drugih, zlodelo je učinjeno, suze
prolivene, a ostalo su pretpostavke i tuga. Odjednom se
red obrnuo, oni su bili živi, kretali se, odlučivali i bili od-
lučni, išli ka svojoj budućnosti; a ja sa ove strane, za-

točenik jednog drugog vremena, jedne sobe na petom spratu, toga što ne znam ko su ta žena i taj muškarac i taj dečak, toga što sam samo sočivo svoga aparata, nešto nepomično, nesposobno da se umeša. Bacali su mi u lice najužasniji podsmeh time što su donosili odluke pred mojom nemoći, time što dečak ponovo gleda u pajaca posutog brašnom a ja shvatam da će pristati, da u predlogu ima novca ili prevare, i ne mogu da mu viknem da beži, ili da mu jednostavno ponovo pružim izlaz novom fotografijom, malom i skoro skromnom intervencijom koja bi porušila svu tu skalameriju od đavoljih bala i parfema. Sve će se rešiti na tom mestu, u tom trenutku; nastala je neka ogromna tišina koja nije imala nikakve veze sa fizičkom tišinom. Ono tamo se pružalo, sklapalo se. Mislim da sam viknuo, da sam grozno zaurlao i da sam u tom istom trenutku shvatio da počinjem da se približavam, deset santimetara, jedan korak, drugi korak, drvo je ritmično vrtelo svoje granje u prvom planu, jedna mrlja sa kamene ograde izašla je sa slike, lice žene koja se okrenula prema meni, kao da je iznenađena, raslo je, i onda sam se malo okrenuo, hoću da kažem da se aparat malo okrenuo, ne gubeći iz vida ženu počeo je da se približava čoveku koji me je gledao crnim rupama namesto očiju, napola iznenađen a napola besan gledao je želeći da me prikuje za vazduh, i u tom trenutku uspeo sam da vidim nešto nalik na veliku pticu van fokusa koja je u jednom zamahu preletela ispred slike, i naslonio sam se na zid u svojoj sobi i bio sam srećan jer je dečak upravo pobegao, video sam ga kako trči, ponovo u fokusu, bežeći sa svojom kosom koja mu je lepršala na vetru, konačno je naučio da leti nad ostrvom, da stigne do mosta, da se vrati u grad. Po drugi put im je umakao, po drugi put ja sam mu pomogao da pobegne, vratio ga u njegov krhki raj. Dahćući sam ostao pred njima; nije bilo potrebe da prilazim više, igra je bila odigrana. Ženi se videlo tek jedno rame i nešto kose, grubo odsečene okvirom slike; ali čovek je stajao okrenut licem, napola otvorenih usta u kojima sam video kako podrhtava crni jezik, i polako je dizao ruke, primičući ih u prvi plan, još jedan trenutak savršeno izoštren, a zatim je sve on, prekriva i ostrvo, i drvo, i ja zatvorih oči i ne htedoh više da gledam, i pokrih lice i počeh da plačem kao idiot.

Sada prolazi jedan veliki beli oblak, kao i svih ovih dana, sve ovo neizrecivo vreme. Ono što ostaje da se kaže uvek je neki oblak, dva oblaka, ili dugi sati savršeno čistog neba, čist čistijati pravougaonik prikačen pribadačama za zid u mojoj sobi. To je bilo ono što sam video kada sam otvorio oči i obrisao ih prstima: čisto nebo, a zatim jedan oblak koji ulazi sleva, šeta se kao paun i gubi se sa desne strane. Zatim drugi, mada se ponekad, naprotiv, sve zasivi, sve je jedan ogroman oblak, i odjednom se raspu sitne kapi kiše, dugo se vidi kako kiša pada po slici, kao neki plač izvrnut naopačke, i malo pomalo slika se razvedri, možda izađe sunce, pa opet ulaze oblaci, po dva, po tri. I golubovi, ponekad, i gdekoji vrabac.

POGOVOR

Argentinski pisac rođen u Briselu, a umro u Parizu, kao francuski državljanin, Hulio Kortasar, slobodno možemo reći, spada među najveće pisce priče u dvadesetom veku.

Kada je Kortasar počinjao da objavljuje, krajem četrdesetih godina, svojim prvim knjigama – dramskom poemom *Kraljevi* (1949) i zbirkom pripovedaka *Zverinjak* (1951) – svrstao se među kultivisanije, prefinjenije, intelektualnije argentinske pisce, više okrenute evropskim književnostima, pre svega anglosaksonskoj i francuskoj.

Borhesov uticaj u njegovim ranim delima bio je snažan, mada se nije ogledao ni u temama, niti u jeziku; pre bi se moglo reći da je, kako sam Kortasar kaže, bio u pitanju „moralni uticaj". Kortasarovo zanimanje za problem jezika i književnog izraza u izvesnoj meri je pod tim „moralnim uticajem" Borhesa, i ogleda se pre svega u potrebi da pisac dublje razmišlja o svom oruđu. Sam Kortasar govorio je o svom shvatanju jezika na sledeći način:

„Nisam više mogao da pristanem na Rečnik, niti na Gramatiku. Počeo sam da otkrivam kako reč po definiciji pripada prošlosti, da je to gotova stvar koju moramo da koristimo kako bismo pričali i doživljavali nešto što još nije nastalo, nešto što nastaje. Onda taj jezik nije uvek prikladan. Naravno da je to pomalo definicija pisca, u svakom slučaju, dobrog pisca. Dobar pisac je onaj koji delimično modifikuje jezik."

Muzika, a posebno džez, sa kojim se susreo prvi put kao mladić, negde 1928. ili 1929. godine, podudara se sa Kortasarovom idejom automatskog pisanja, potpune im-

133

provizacije. Nadrealizam ga je privlačio – puno je čitao Bretona, Krevela – a džez je za njega bio neka vrsta ekvivalenta nadrealizmu u muzici, muzika kojoj nije neophodna partitura. Džez je postao česta tema njegovih tekstova, i možda pomogao u stvaranju svojevrsnog ritma rečenice, koju je Kortasar posmatrao kao stih u pesmi:

„Verujem da pisanju koje nema ritam zasnovan na građenju rečenice, na interpunkciji, razvoju prostih rečenica unutar složene, koje jednostavno ne pretvara u prozu sa velikim unutrašnjim sudarima – ali ne postaje kakofonija – nedostaje ono što ja tražim u svojim pričama. Nedostaje mu neka vrsta svinga (...) koji će objasniti šta se događa na kraju mojih priča, koliko je brižljivo građen ritam na kraju. Tu ne sme biti nijedne suvišne reči, ni tačke, ni zapete. Priča mora sudbinski da se približava kraju kao velika džez-improvizacija ili Mocartova simfonija. Ako se zaustavi, sve ode dođavola." Ritam, kao pismo unutar pisma, predstavlja, vele neki autori, trag koji vreme ostavlja na telu, predstavlja predavanje telesnosti govoru.

Nije, međutim, u pitanju samo tehnika. Ne manje važan aspekat Kortasarove književnosti je i etika. Kortasar veruje da pisac mora delovati i u društvu, i da kroz književnost najdelotvornije može uticati na stvarnost.

Kada ga je jedan kritičar, povodom priča iz zbirke *Neko ko se tuda smuca,* iz 1977. godine, u kojoj je Kortasar prvobitno objavio i „Apokalipsu u Solentinameu", optužio da „hoće da pomeša vodu i zejtin" kada spaja fantastiku i angažovanu književnost, Kortasar se tome oštro suprotstavio. Za Kortasara je književnost „neposredan način da istražimo ono što nam se dešava, da se upitamo o razlozima iz kojih nam se to dešava, a često i da pronađemo puteve koji će nam pomoći da produžimo kada osetimo da nas okolnosti koče", i iz te perspektive, „što je književnost književnija (...) to ona postaje istoričnija i delotvornija".

Jedan od razloga da „meša vodu i zejtin" bio je taj što je smatrao kako je potrebno „da istražimo zašto gubimo bitke, zašto smo u progonstvu, zašto živimo loše, zašto ne umemo ni da vladamo niti da oborimo loše vlade, zašto moramo da precenjujemo svoje sposobnosti praveći od njih maske za svoju nesposobnost".

Drugih ima mnogo, i ko zna koji je najvažniji.

U „Apokalipsi u Solentinameu", Kortasar realističkim postupcima dolazi do fantastične priče, gde fantastični elemenat prodire u vidu niza podsvesnih slika koje na trenutak zamenjuju one stvarne, kao kada se san probije u javu i nametne svoju stvarnost. Neobičan događaj uvlači se u poredak stvarnosti i svakodnevice menjajući odnose, u ovom slučaju u skladu sa piščevim stavom da će se „i u onome najproizvoljnijem što mogu napisati, uvek pojaviti volja da se uspostavi veza sa istorijskom sadašnjicom čoveka".

Jedna od glavnih ideja koje se provlače kroz najveći deo Kortasarove fantastične književnosti jeste ubeđenje da je nemoguće jasno razdvojiti „stvarno" i „nestvarno", i da fantastična književnost nije samo otkrivanje nepoznatog, nego i način da se naglasi krhkost čoveka koji nije kadar da ovlada tim pojavama, koje ga vrebaju na svakom koraku. Fantastična književnost je, po njegovim rečima, jedan od oblika spoznaje koji otvaraju pristup u mračne oblasti skrivene u samoj svakodnevici. Međutim, dva od mogućih načina ove spoznaje, priča i fotografija, naročito su povezana. U programskom eseju „Neki aspekti priče" iz 1962. godine objasnio je to na sledeći način:

„Roman i priča mogu se analogno porediti sa filmom i fotografijom, utoliko što je film u načelu jedan 'otvoren poredak', romaneskan, dok uspela fotografija pretpostavlja prethodno brižljivo ograničavanje, koje delimično nameće suženo polje koje obuhvata objektiv i oblik u kojem fotograf estetski koristi to ograničenje. Ne znam da li ste ikada čuli nekog profesionalnog fotografa kako govori o svojoj umetnosti; mene je uvek iznenađivalo to što se on izražava onako kako bi to mogao učiniti neki pripovedač, i to u mnogom pogledu. Dobri fotografi kao što su to jedan Kartje-Beson ili Brasai definišu svoju umetnost kao prividni paradoks: iseca se jedan komadić stvarnosti, utvrde mu se određene granice, ali tako da taj isečak deluje kao ek-

135

splozija koja širom otvara neku mnogo prostraniju stvarnost, kao neka dinamična vizija koja duhovno prevazilazi polje obuhvaćeno objektivom. U filmu, naprotiv, kao i u romanu, hvatanje te šire i mnogostrukije stvarnosti postiže se razvijanjem parcijalnih elemenata koji se gomilaju, što, naravno, ne isključuje sintezu koja će dati 'klimaks' delu, a u fotografiji ili priči visoke vrednosti postupa se obratno, to jest, fotograf ili pripovedač su primorani da izaberu i ograniče jednu sliku ili događaj koji je *značajan*, koji ne samo što vredi sam po sebi, nego je i kadar da u gledaocu ili čitaocu deluje kao neka vrsta *otvaranja*, kvasca koji će razum i osećanja usmeriti ka nečemu što ide mnogo dalje od vizuelne ili književne anegdote sadržane u fotografiji ili priči."

O toj vezi Kortasar je u stvari prvi put progovorio u priči „Đavolje bale", objavljenoj 1959. godine u zbirci pod naslovom *Tajno oružje*. Ovu priču možemo nazvati i parabolom, gde je Kortasar svoje poetičke stavove doveo do jedne od mogućih realizacija. Objektiv fotografskog aparata ne samo da beleži, nego i menja stvarnost, a pitanje koje se stalno postavlja jeste ima li umetnost moć nad stvarnošću. Kortasarov junak nikada nije sa sigurnošću otkrio da li je njegovo „dobro delo" imalo ikakvog efekta, već je ona užasna mračna strana svakodnevice razjapila svoje čeljusti da i njega proguta. U filmu Mikelanđela Antonionija *Blow-Up* ili *Uvećanje*, koji je italijanski reditelj snimio koristeći motive ove Kortasarove priče, fotograf sa izvesnošću saznaje da nije postigao ništa, i pred njim se ukazuje drugačija vizija fantazije uključene u svakodnevicu. Vraćajući se na istu temu, sada već znajući i za ovo Antonionijevo tumačenje, Kortasar piše drugu, ne manje eksplicitno poetičku priču, „Apokalipsa u Solentinameu".

Kortasar u „Apokalipsi u Solentinameu" iznova piše „Đavolje bale" usredsređujući se na političku sadašnjicu Latinske Amerike. Direktno pominjanje filma Blow Up predstavlja vezu između pripovedača u priči „Apokalipsa u Solentinameu" i pisca Kortasara. To razbijanje književnog okvira priče predstavlja čvor u koji je vezano više konaca, književnih i, uslovno rečeno, vanknjiževnih. No,

Kortasarovo nezadovoljstvo što se priča koju je on naslovio „Đavolje bale" „sada zove *Blow-Up*" ukazuje i na mogućnost da je Antonionijeva vizija bila još jedan razlog da se vrati na tu temu. Umetnost i život, sve je to jedno te isto, nijedno od to dvoje nema prednost, veli pripovedač „Apokalipse".

Vraćajući se na neke od postupaka upotrebljenih u „Đavoljim balama" Kortasar ponovo istražuje iste osnovne ideje: vezu između fotografije i priče, nezavisnost književnog dela u odnosu na svog autora, vezu između umetnosti i stvarnosti, njenu mnogostrukost i neuhvatljivost, i kao najvažnije, ponovo postavlja pitanje ima li umetnost nad tom stvarnošću ikakvu moć. Odgovor (ako ga ima) ponovo je dvosmislen.

No, ono što Kortasar nije znao (ili možda jeste, ali ne na taj način) bilo je to da će ovom pričom proreći strašnu sudbinu komune koju je napravio pesnik i sveštenik Ernesto Kardenal: manje od dve godine pošto je Kortasar napisao priču, nacionalna garda Anastasija Somose zauzela je komunu, proterala Kardenala, a o sudbini seljaka i ribara nikada se ništa nije saznalo. Ponovo je neuhvatljiva stvarnost razjapila čeljust iz koje cure đavolje bale.

* * *

Priče sakupljene u ovom izboru do sada nisu prevođene kod nas, sa izuzetkom jedne, ključne: priča „Đavolje bale" objavljena je u zbirci Tajno oružje u prevodu Radoja Tatića, pod naslovom „Paučina miholjskog leta".

Pored dve već pomenute i tesno povezane priče, „Đavoljih bala" i „Apokalipse u Solentinameu", u ovom izboru našle su se i priče koje se za njih vezuju na razne načine i iz različitih pravaca: „Prijatelji" i „Pokretač" potiču iz zbirke *Kraj igre* iz 1962. godine, „Sastanak" iz zbirke *Sve vatre vatra* iz 1966, „Neko ko se tuda smuca", „Drugi put", „Puterova noć", kao i „Apokalipsa" iz zbirke *Neko ko se tuda smuca* iz 1977, „Isečci iz novina" iz *Toliko smo voleli Glendu* iz 1980, a „Noćna škola" i „Štakorski car" iz zbirke *Raskorak* iz 1982.

U prevođenju ove poslednje priče, „Štakorski car", od ogromne pomoći prevodiocu je bio enigmatičar Ljubiša Jakšić, bez čije veštine palindromi i anagrami u ovoj priči ne bi izgledali ovako kako izgledaju.

Aleksandra Mančić Milić

SADRŽAJ

Hulio Kortasar
APOKALIPSA U SOLENTINAMEU
*
Glavni urednik
JOVICA AĆIN
*
Grafički urednik
MILAN MILETIĆ
*
Nacrt za korice
JANKO KRAJŠEK
Realizacija
ALJOŠA LAZOVIĆ
*
I. P. RAD, d. d.
Beograd, Dečanska 12
*
Za izdavača
ZORAN VUČIĆ
*
Priprema teksta
Grafički studio RAD
*
Štampa
ZUHRA, Beograd

www.ingramcontent.com/pod-product-compliance
Lightning Source LLC
Chambersburg PA
CBHW070558180626
46817CB00005B/1897